SIGMUND FREUD (1856–1939)

HELMUTH F. BRAUN

SIGMUND FREUD
»EIN GOTTLOSER JUDE«
ENTDECKER DES UNBEWUSSTEN

HENTRICH
&HENTRICH

STIFTUNG NEUE SYNAGOGE BERLIN
CENTRUM JUDAICUM

JÜDISCHE MINIATUREN

Lebensbilder • Kunst • Architektur
Herausgegeben von Hermann Simon

Band 37   Sigmund Freud

© HENTRICH & HENTRICH
   Ganzer Straße 10, 16866 Teetz und Berlin

Druck: Brandenburgische Universitätsdruckerei und
       Verlagsgesellschaft Potsdam mbH

1. Auflage 2006
Printed in Germany
ISBN 3-938485-16-7

Inhalt

Einleitung   7
Herkunft und Jugendjahre   11
Universität und Labor   16
Das Rätsel der Hysterie   22
Eine bürgerliche Familie   23
Josef Breuer und Wilhelm Fließ   25
Das Traumbuch   30
Auch ein Traum: Rom   34
Von der Bewegung zur Institution   37
Die Reinheit der Lehre   44
Kriegsjahre   50
Eine anerkannte Wissenschaft   58
Die letzten Lebensjahre   67

Chronik   78
Weiterführende Literatur   87
Danksagung   89
Biographie des Autors   89
Abbildungsnachweis   90

Sigmund Freud, Foto von Max Halberstadt
(Gatte seiner Tochter Sophie)

Meine Sprache ist deutsch, meine Kultur, meine Bildung sind deutsch. Ich betrachtete mich geistig als Deutschen, bis ich die Zunahme des antisemitischen Vorurteils in Deutschland und Deutschösterreich bemerkte. Seit dieser Zeit ziehe ich es vor, mich einen Juden zu nennen.

Interview mit dem Journalisten
George Sylvester Viereck, 1926[1]

Einleitung

In diesem Jahr gedenken wir des 150. Geburtstags von Sigmund Freud. Anlass genug, um in der Reihe der »Jüdischen Miniaturen« auch einen Band über den Entdecker des Unbewussten zu bringen. Allerdings besteht nicht der Anspruch, Leben und Werk des Begründers der Psychoanalyse umfassend vorzustellen. Das geschieht in den zahlreichen jetzt neu erschienenen oder wieder aufgelegten Darstellungen und Biographien. Es besteht auch nicht die Absicht, Freuds Fallgeschichten, den psychischen Apparat, die Behandlungsmethoden und ihre Bedeutung für den Fortgang der Entwicklung der psychoanalytischen Bewegung in extenso vorzustellen. Wir werden uns nicht mit den zahlreichen psychoanalytischen Schriften zur Hysterie, zur Neurosenlehre, zum Unbewussten oder zur Triebtheorie ausführlich

7

beschäftigen können. Ebenso können wir Freuds religions- und kulturkritische Schriften und seine psychoanalytischen Beiträge zur Kunst und zur Literatur nur streifen.

Wir wollen uns vielmehr vor allem mit Freuds Judentum befassen, das, von allem Religiösen und Rituellen absehend, ihm in seinen Krisen eine Heimat geboten hat und das er trotz aller Anfeindungen auch nie verleugnete. Der in Wien grassierende Antisemitismus eines Karl Lueger hatte Freud schon während des Studiums für seine jüdische Identität sensibilisiert und das jahrelange Warten auf eine Professur hat ihm offenbart, dass auch die Assimilation die Vorurteile nicht beseitigt.

Seinem Schweizer Freund, dem Pastor und Analytiker Oskar Pfister, hat Freud gegen Ende des 1. Weltkrieges eine hübsche Selbstdefinition seiner Identität gegeben und gefragt: »Ganz nebenbei, warum hat keiner von all den Frommen die Psychoanalyse geschaffen, warum musste man da auf einen ganz gottlosen Juden warten?«[2]

Viele Jahre gehörte er der B'nai B'rith Loge »Wien«, einem jüdischen Humanitätsverein an. Dort hat er zahlreiche Vorträge gehalten und mit seinen jüdischen »Bundes-Brüdern« ein Gefühl der Zusammengehörigkeit gepflegt, das eine »weitgehende Übereinstimmung kultureller und humanitärer Ideale, sowie das gleiche freudige Bekenntnis zur jüdischen Abkunft und jüdischem Wesen lebendig erhalten hat.«[3]

Zur Biographik und seinen Biographen hatte Freud stets ein zwiespältiges Verhältnis. Er hegte eine Antipathie gegen »persönliche Reliquien, Autogramme, Handschriftensammlungen und alles, was davon rührt. Dies ging so weit, dass ich z. B. alle Manuskripte vor 1905, darunter auch das der *Traumdeutung* unbedenklich dem Papierkorb überantwortet hatte.«[4] 1885 schrieb er an seine Verlobte nach Hamburg: »Ich habe alle meine Aufzeichnungen seit vierzehn Jahren und Briefe, wissenschaftliche Exzerpte und Manuskripte meiner Arbeit vernichtet. Von Briefen sind nur die Familienbriefe verschont geblieben, Deine, Liebchen, waren nie in Gefahr [...] ich kann nicht reifen und nicht sterben ohne die Sorge, wer mir in die alten Papiere kommt [...] Die Biographen aber sollen sich plagen, wir wollen's ihnen nicht zu leicht machen. Jeder soll mit seiner Ansicht über die ›Entwicklung des Helden‹ recht behalten, ich freue mich schon, wie die sich irren werden.«[5]

An Fritz Wittels, einen seiner frühen Schüler, der die erste Freud-Biographie verfasst hatte und von der er sich nicht besonders begeistert zeigte, schrieb er: »Ich hätte natürlich ein solches Buch nie gewünscht und gefordert. Es scheint mir, dass die Öffentlichkeit kein Anrecht an meiner Person hat und auch nicht an mir lernen kann, so lange mein Fall – aus mannigfachen Gründen – nicht voll durchsichtig gemacht werden kann […] Sie denken anders darüber und haben so dies Buch schreiben können. Ihre persönliche Distanz von mir, die Sie durchaus als Vorteil einschätzen, hat auch große Nachteile. Sie wissen zu wenig von ihrem Objekt und können darum auch die Gefahr nicht vermeiden, ihm in Ihren analytischen Bemühungen Gewalt anzutun.«[6]

Als Wilhelm Fließ 1928 starb, bat seine Witwe um die Briefe ihres verstorbenen Mannes. Freud teilte ihr mit, dass er die Korrespondenz nach 1904, dem Ende der Beziehung, vernichtet habe. Er war geschockt, als 1936 seine Briefe an Fließ von einem Berliner Antiquariat angeboten wurden. Er bat Marie Bonaparte die Briefe zu erwerben, denn diese Korrespondenz »war das intimste was sie sich denken können. Es wäre höchst peinlich gewesen, wenn sie in fremde Hände gefallen wäre. Ich möchte nichts davon zur Kenntnis der sogenannten Nachwelt kommen lassen.«[7] Diese Briefe gehören heute mit zu den wichtigsten Quellen über die Anfänge der Psychoanalyse.

Meine Eltern waren Juden,
auch ich bin Jude geblieben.
Sigmund Freud, *Selbstdarstellung* 1925

Herkunft und Jugendjahre

Sigismund Schlomo Freud wurde am 6. Mai 1856 in dem mährischen Städtchen Freiberg (heute Příbor) als erster Sohn des jüdischen Wollhändlers Jakob Freud und seiner zwanzig Jahre jüngeren Frau Amalie geboren. Das freudige Ereignis ist von Jakob Freud in der Familienbibel dokumentiert und auch, dass Sigismund am achten Tage nach der Geburt dem »jüdischen Bund beitrat«, d.h. er wurde beschnitten. Die beiden Halbbrüder Emanuel und Philipp aus einer früheren Ehe Jakobs waren bereits erwachsen und etwa im gleichen Alter wie die junge Mutter. Die Kinder seines Halbbruders Emanuel, waren Sigismunds erste Spielgefährten, er war somit deren Onkel.

Die Familie wohnte in einer aus einem einzigen Zimmer bestehenden Wohnung im ersten Stock des Hauses Schlossergasse 117, in dem im Erdgeschoß seit Generationen eine Schmiede untergebracht war.

Das Geburtshaus Sigmund Freuds in Freiberg in Mähren

Über die Herkunft seiner Familie glaubte Freud zu wissen, »dass sie lange Zeit am Rhein (in Köln) gelebt hat, aus Anlass einer Judenverfolgung im 14. oder 15. Jahrhundert nach dem Osten floh und im Laufe des 19. Jahrhunderts die Rückwanderung von Litauen über Galizien nach dem deutschen Österreich antrat«.[8] Jakob Freuds Streben nach Assimilation ließ ihn nach und nach die religiösen Bräuche aufgeben, dennoch verleugnete er nie sein Judentum. Er las zu seiner Erbauung die Bibel auf Hebräisch und feierte Purim und Pessach als Familienfeste. Freud erinnert sich später: »Mein Vater ließ mich in voller Unwissenheit über alles, was das Judentum betrifft, aufwachsen.«[9]

1859 zog die inzwischen vierköpfige Familie zunächst nach Leipzig und im Jahr darauf, in der Hoffnung auf eine bessere Zukunft, nach Wien. Die Freuds wohnten in der so genannten Leopoldstadt, dem Stadtteil, in dem sich im frühen 17. Jahrhundert das Ghetto befand und der nach der Vertreibung der Juden 1670 zum traditionellen jüdischen Wohnbezirk geworden war. Im Volksmund wurde er »Mazzeinsel« genannt.

Von 1860 bis 1864 gebar Amalie vier Töchter und 1866 den zweiten Sohn Alexander. Wie beengt die Wohnverhältnisse auch gewesen sein mögen, Sigmund hatte als einziges der Kinder stets ein eigenes Zimmer. Er war der Liebling der Eltern, der Vater hatte den Zehnjährigen gebeten, den Namen für den jüngsten Bruder, Alexander, auszuwählen, und von der Mutter wurde der Erstgeborene noch bis ins hohe Alter »mein goldener Sigi« gerufen. Mit familiärer Autorität unterband er den Klavierunterricht seiner Schwester Anna, weil der Übungslärm ihn störte. Bis zum Eintritt in das Leopoldstädtische Real-Gymnasium 1865 wurde er zu Hause vom Vater unterrichtet.

Als Freud im Sommer 1873 die Maturaprüfung ablegte, war er in allen Jahren Klassenbester gewesen und hatte sich gründliche Kenntnisse nicht nur in Griechisch, Latein und Hebräisch erworben, sondern auch Englisch und Französisch gelernt und sich in die Grundlagen des Spanischen und Italienischen eingearbeitet. Bereits mit acht Jahren las er Shakespeare, der neben Goethe sein Lieblingsschriftsteller wurde. Selbstbewusst und mit einem leichten Ton der Unterforderung berichtet er jetzt seinem Jugendfreund Emil Fluss. »Dies, lieber Freund, war meine schriftliche Matura. Wünschen Sie mir größere Ziele und reinere Erfolge und stärkere Nebenbuhler und ernsteren Eifer; was sich mir nicht alles wünschen ließe, ohne dass es einen Haarbreit besser würde. Ob die Matura leicht oder schwer war, kann ich im allgemeinen nicht entscheiden; nehmen Sie an, sie war gemütlich.«[10]

Freuds intellektuelle Entwicklung während seiner Schul- und Universitätszeit in Wien ging einher mit der Entstehung eines breiten jüdischen Bildungsbürgertums. Die Emanzipation der Juden von 1867 hatte zur Folge, dass zahlreiche Juden aus Ungarn, Böhmen und Mähren in die österreichische Hauptstadt einwanderten.

1860 lebten in Wien 6200 Juden, 1870 hatte sich ihre Zahl bereits versechsfacht. Die jüdischen Zuwanderer zeichneten sich durch große Bildungsbeflissenheit, Überidentifikation mit der deutschen Kultur und mit der Bereitschaft zu Assimilation aus. Der sprichwörtlichen »jüdischen Intelligenz« im Wien der Jahrhundertwende, wo jeder, der ein bisschen Verstand und irgendein Talent hatte, als Jude galt, stand, ausgelöst durch den Börsenkrach von 1873, eine neue Welle von Anti-Intellektualismus und Antisemitismus gegenüber, der in den Juden die Sündenböcke für das wirtschaftliche Desaster zu erkennen glaubte. Dieser Erfahrung war auch der junge Freud ausgesetzt als er sein Studium an der Wiener Universität begann. In der *Selbstdarstellung* von 1925 schreibt er dazu: »Die Universität, die ich 1873 bezog, brachte mir zunächst einige fühlbare Enttäuschungen. Vor allem traf mich die Zumutung, dass ich mich als minderwertig und nicht volkszugehörig fühlen sollte, weil ich Jude war. Das erstere lehnte ich mit aller Entschiedenheit ab. Ich habe nie begriffen, warum ich mich meiner Abkunft, oder wie man zu sagen begann: Rasse, schämen sollte. Auf die mir verweigerte Volksgemeinschaft verzichtete ich ohne viel Bedauern. Ich meinte, dass sich für einen eifrigen Mitarbeiter ein Plätzchen innerhalb des Rahmens des Menschtums auch ohne solche Einreihung finden müsse. Aber eine für später wichtige Folge dieser ersten Eindrücke von der Universität war, dass ich so frühzeitig mit dem Lose vertraut wurde, in der Opposition zu stehen und von der ›kompakten Majorität‹ in Bann getan zu werden. Eine gewisse Unabhängigkeit der Urteils wurde so vorbereitet.«[11]

Universität und Labor

Noch während seiner Schulzeit hatte Freud geplant, Jura zu studieren und sich »sozial zu betätigen«. Ausschlaggebend für seine Entscheidung, sich schließlich doch in Medizin einzuschreiben, war die Lehre Darwins, die ihn stark anzog, und ein Essay Goethes mit dem Titel *Die Natur*. Die Medizin, wie sie zu jener Zeit an der Wiener Universität praktiziert wurde, war bemüht, mit ihrem materialistischen Ansatz, durch strikte anatomische physiologische Orientierung, sich an den

Der sechzehnjährige Freud mit seiner Mutter Amalie Freud

Standard der exakten Naturwissenschaften anzuglei-
chen. Im Rahmen seines zoologischen Studiums bei
Prof. Carl Claus am Institut für vergleichende Anatomie
erhielt Freud ein Stipendium, das ihn zweimal für einen
Aufenthalt an die zoologische Meeresstation nach Triest
brachte. Dort forschte er über die Geschlechtsorgane
beim Aal, über die er dann seine erste wissenschaftliche
Arbeit veröffentlichte. »Im physiologischen Laboratorium von Ernst Brücke fand ich endlich Ruhe und volle
Befriedigung, auch die Personen, die ich respektieren
und zu Vorbildern nehmen konnte: Meister Brücke
selbst und seine Assistenten Sigmund Exner und Ernst
von Fleischl-Marxow, von denen der letztere, eine glän-
zende Persönlichkeit, mich sogar seiner Freundschaft
würdigte. Brücke stellte mir eine Aufgabe aus der
Histologie des Nervensystems, die ich zu seiner Zu-
friedenheit lösen und selbständig weiterführen konnte«.[12] Von 1876 bis 1882 blieb Freud am Institut von
Brücke und »galt allgemein als designiert für die nächste sich dort ergebende Assistentenstelle«.[13] Nach eige-
nem Bekunden hat er sein medizinisches Studium sehr
lässig betrieben und wurde erst mit ziemlicher Ver-
spätung 1881 zum Doktor der Medizin promoviert.
Im Sommer 1882 trat Freud, mit Rücksicht auf seine pre-
käre finanzielle Lage, eine Stelle als Aspirant in Her-

mann Nothnagels Klinik für Innere Medizin am Wiener Allgemeinen Krankenhaus an, um sich die praktische Erfahrung anzueignen, die er als künftiger Arzt in einer eigenen Praxis benötigte. Schon nach wenigen Monaten wechselte er als Sekundararzt an das hirnanatomische Laboratorium von Theodor Meynert, der ihm ermöglichte, sich auf die Neuropathologie zu spezialisieren. Im Sommer 1883 entwickelte Freud eine Methode, welche die mikroskopische Darstellung von Hirnschnitten durch Färbung mit Goldchloridlösung entscheidend verbesserte.

Im Frühjahr 1884 berichtete er seiner Verlobten Martha Bernays, dass er sich für die Eigenschaften des Kokain interessiere. Schwärmerisch empfahl er es als Allheilmittel gegen Schmerzen, Erschöpfung, Niedergeschlagenheit und Morphiumsucht. Er war so angetan von der Wirkung des Kokains, dass er Martha gelegentlich kleine Mengen nach Hamburg schickte. Allerdings erwies sich die Verschreibung von Kokain für seinem Freund Fleischl-Marxow als fatal: im Laufe der Behandlung wurde er kokainsüchtig, wie er zuvor morphiumsüchtig gewesen war. Seine Artikel über Coca verschafften Freud einen Namen in Wiener medizinischen Kreisen und im Ausland, und es dauert eine Weile, bis sich der möglicherweise süchtig machende Charakter des Kokains

Eine Reproduktion von André Brouillets
»La Lecon clinique de Dr. Charcot« hing in Freuds Arbeitszimmer

zeigte. Die segensreiche Wirkung des Kokains als Lokal-
anästhetikum wird jedoch von Freud nicht weiterver-
folgt, so dass ein anderer den Ruhm erntete, den er mit
seinen Kokainexperimenten eigentlich erlangen wollte.

Das Rätsel der Hysterie

Im Juli 1885 wurde Freud zum Privatdozenten für
Neuropathologie ernannt. Wenige Monate zuvor hatte
er für den Herbst ein halbjähriges Reisestipendium
erhalten, das er vor allem für einen Aufenthalt bei Jean-
Martin Charcot an der Salpêtrière in Paris nutzen wollte. In der *Traumdeutung* schrieb er viele Jahre später:
»Auch Paris war lange Jahre hindurch ein Ziel meiner
Sehnsucht, und die Seligkeit, in welcher ich erst meinen Fuß auf das Pflaster von Paris setzte, nahm ich als
Gewähr, dass ich auch die Erfüllung anderer Wünsche
erreichen werde.«[14] Die Begegnung mit Charcot wurde
für Freud so etwas wie ein Erweckungserlebnis. An
Martha Bernays berichtete er: »Charcot, der einer der
größten Ärzte, ein genial nüchterner Mensch ist, reißt
meine Ansichten und Absichten einfach um. Nach man-
chen Vorlesungen gehe ich fort wie aus Notre-Dame,
mit neuen Empfindungen vom Vollkommenen.«[15] Ursprünglich beabsichtigte er, sich in Paris dem Studium

von Hirnschädigungen bei Kindern zu widmen, doch dann war er so fasziniert von den Überlegungen Charcots zu Neurosen und Hysterie, dass er dieses Vorhaben fallen ließ. Er übersetzte Charcots Vorlesungen ins Deutsche und verbreitete seine Ideen nach der Rückkehr nach Wien. Freuds Identifikation mit Charcot eröffnete ihm den Weg zu einer allgemeinen psychologischen Betrachtungsweise. Der charismatische Pariser Arzt wurde für ihn zum Inbegriff einer nicht mehr anatomisch fixierten Auffassung von der Hysterie. Später, 1889 benannte er sogar seinen ersten Sohn Jean-Martin nach dem verehrten Meister, und als Charcot 1893 starb, schrieb Freud für die *Wiener Medizinische Wochenschrift* einen liebevollen Nachruf.

Eine bürgerliche Familie

Im Frühjahr 1886 kehrte Freud, nach einem vierwöchigen Zwischenaufenthalt an der Berliner Charité nach Wien zurück. Er kündigte seine Stelle am Allgemeinen Krankenhaus und eröffnete in der Rathausgasse 7 seine erste nervenärztliche Praxis. Nebenher arbeitete er an mehreren Nachmittagen der Woche als Neurologe an dem von Max Kassowitz geleiteten öffentlichen Kinderkrankeninstitut.

Auch privat stellten sich einige Änderungen ein: Am 13. September fand in Wandsbek, dem Wohnort seiner Braut Martha Bernays die Ziviltrauung statt. Mehr als vier Jahre hatten die Verlobten getrennt voneinander gelebt, sie in Hamburg, er in Wien, verbunden nur durch einen ausführlichen Briefverkehr und gelegentliche Besuche. Beinahe tausend Briefe hat Freud in dieser Zeit an seine Verlobte geschrieben. Tags darauf erfolgte die jüdische Trauung, die nach österreichischem Gesetz erforderlich war. Freud, ein Feind aller Rituale und der Religion, ließ die Zeremonie über sich ergehen und sprach die hebräische Formel, um seine Ehe gültig zu machen. Martha Freud, die einer streng orthodoxen jüdischen Familie entstammte, empfand, wie ein Vetter berichtete, »es als eines der schmerzlichsten Erlebnisse ihres Lebens, dass sie am ersten Freitagabend nach ihrer Hochzeit die Sabbatkerzen nicht anzünden durfte.«[16] Freuds religiöser Säkularismus erlaubte nicht, dass auch nur die geringste Spur von religiösen Bräuchen in seinem Haushalt überlebte. »Die Freuds«, so Peter Gay, »ignorierten sogar geflissentlich die geselligen jüdischen Familienfeste wie Passah, die Freuds Eltern trotz ihrer Loslösung von der Tradition noch gefeiert hatten.« Und Freuds Sohn Martin erinnerte sich an diese Feste: »Unsere Feiertage waren Weihnachten mit Geschenken unter einem Baum mit brennenden Kerzen und Ostern mit fröhlich bemalten Ostereiern. Ich war nie in einer Synagoge, und meines Wissens hatten auch meine Brüder und Schwestern nie eine besucht.«[17]

Nach einjähriger Ehe wurde im Oktober 1887, das erste Kind, Mathilde, geboren. Fünf weitere sollten in den nächsten acht Jahren zur Welt kommen. Auf Mathilde folgten Jean-Martin, Oliver, Ernst und Sophie. Das letzte war Anna Freud, geboren 1895, das einzige unter Freuds Kindern, das später Psychoanalytikerin wurde. Mit allen Namen, die Freud für seine Kinder wählte, hatte es eine besondere Bewandtnis.[18]

Josef Breuer und Wilhelm Fließ

Im Herbst 1886 berichtete Freud vor der Wiener Gesellschaft der Ärzte in mehreren Vorträgen über das, was er bei Charcot gesehen und gelernt hatte. Seine aus Paris mitgebrachten Erkenntnisse wurden heftig und kontrovers diskutiert. Trotz Beifall verfestigte sich bei Freud der Eindruck, »dass die großen Autoritäten meine Neuigkeiten abgelehnt hätten [...] ich fand mich mit der männlichen Hysterie und der suggestiven Erzeugung hysterischer Lähmungen in die Opposition gedrängt.«[19]
Er erkannte, dass sein bisheriges therapeutisches Arsenal

nicht ausreichend war, die hysterischen Symptome seiner Patienten erfolgreich zu behandeln. Mit der Hypnose glaubte er, ein wirksames Instrument zur Aufklärung der Hysterie in der Hand zu haben und erinnerte sich, dass sein Kollege Josef Breuer ihm bereits 1882 ausführlich vom Fall der mittels Hypnose behandelten Anna O. berichtet hatte. Jetzt wurde der wissenschaftliche Kontakt mit Breuer wieder intensiviert, und Freud benutzte das von ihm entwickelte kathartische Verfahren bei der Behandlung seiner Patienten. Später änderte Freud mit der Entwicklung seiner Neurosentheorie auch seine Behandlungstechnik. Von 1892 an gab er die Hypnose schrittweise zugunsten der freien Assoziation auf. Der Patient sollte nun alle Gedanken und Phantasien, die ihm in den Sinn kamen, ohne Zensur aussprechen. Ergebnis dieser Zusammenarbeit war eine gemeinsame Publikation, nämlich die *Studien über die Hysterie*, die sie 1895 veröffentlichten. Darin werden fünf Krankengeschichten vorgestellt, die bekannteste ist die der Anna O., die von Breuer 1880 bis 1882 behandelt wurde und mit der die Psychoanalyse begründet wurde. Die von Freud behandelten Fälle stammten aus den Jahren 1888 bis 1893.

Hinter dem Pseudonym Anna O. verbarg sich die Frauenrechtlerin Bertha Pappenheim (1859–1936), die sich als Sozialabeiterin für ostjüdische Einwanderer engagierte, einen jüdischen Kindergarten leitete und ab 1897 ein Waisenhaus für jüdische Mädchen führte. Sie übersetzte 1899 Mary Wollenstonecrafts »Verteidigung der Rechte der Frau« ins Deutsche und publizierte 1910 die Memoiren der Glikl von Hameln. 1904 gründete sie den jüdischen Frauenbund und wurde zu einer der führenden Kämpferin gegen den Mädchenhandel.

An seinem fünfunddreißigsten Geburtstag schenkte Jakob Freud seinem Sohn die schön illustrierte Phillippson-Bibel, in die Sigmund sich als Kind vertieft hatte, neu gebunden und mit einer hebräischen Widmung versehen. Freud, der selbst nicht Hebräisch beherrschte, sollte darin eine Aufforderung erkennen, »zur Bibel und zu den Werten zurückzukehren, die Sigmund ursprünglich mit dem Vater gemeinsam hatte«[20] Allerdings hat Freud das mit seiner lebenslangen Beschäftigung mit Moses, mit *Der Moses des Michelangelo* und mit *Der Mann Moses und die monotheistische Religion* auf ganz andere Weise getan, als sein Vater sich das vielleicht erhofft hatte.

Als die *Studien* 1895 erschienen, war die Freundschaft zu Breuer zerbrochen und ein anderer Mann hatte in Freuds Leben dessen Position eingenommen: Wilhelm Fließ.

Die beiden Männer lernten sich durch Breuers Vermittlung 1887 in Wien kennen. Fließ, ein erfolgreicher Berliner Spezialarzt für Hals- und Nasenleiden, wurde Freuds privilegierter Gesprächspartner auf dem Weg zur Entstehung der Psychoanalyse. Ihre Beziehung bestand in einem sehr persönlichen Briefwechsel, in dem sie sich gegenseitig ihre Gedanken und Theorien mitteilten.[21] Freud schickte Fließ Manuskripte und Kapitel seines entstehenden Traumbuches und suchte Rat in Fragen des Stils. Im Sommer 1892 begannen sie sich zu duzen und mit dem Vornamen anzureden. Freud idealisierte Fließ über jedes Maß hinaus, er teilte ihm intimste Dinge aus dem Familienleben mit und versprach seinem Freund, seinen nächsten Sohn nach ihm zu benennen. Es wurde jedoch eine Tochter.

In bestimmten Abständen trafen sie sich zu so genannten »Kongressen«, um ihren Gedankenaustausch zu vertiefen. Nach solchen Zusammenkünften, die zunächst abwechselnd in Berlin oder Wien stattfanden, später auch an neutralen Orten in München, Breslau, Salzburg, Dresden oder Innsbruck, fühlt sich Freud »in kontinuierlicher Euphorie und arbeitet wie ein Jüngling«. Fließ verfolgte bizarre Theorien: so die »nasale Reflexneurose«, bei der der Nase eine besondere Rolle für Gesundheit und Krankheit des Menschen zugeschrieben wurde, oder seine Theorie der Perioden, mit der er ein Schema biorhythmischer Zyklen von 23 und 28 Tagen postulierte, dem Frauen und Männer unterworfen seien. Diesen Zahlenspielen hat Freud auch lange Zeit selbst Glauben geschenkt und sich dabei in den Kopf gesetzt, dass die Zahl 51, welche die Summe der beiden schicksalhaften Zahlen bildet, ihm den Zeitpunkt seines Todes angeben würde. Nachdem mit der Traumdeutung das Fundament der Psychoanalyse gelegt war, erkaltete die Beziehung, der Freund wurde als emotionaler Beistand für die Zweifel hinsichtlich seiner eigenen theoretischen Ansätze nicht mehr gebraucht. Ein unschöner Plagiatsstreit um das Thema der Bisexualität, in den Freud verwickelt war, beendete 1904 endgültig die langjährige Freundschaft.

Das Traumbuch

Bereits im November 1899 war Freuds – heute als sein Hauptwerk und Jahrhundertbuch charakterisierte – *Traumdeutung* erschienen. Im *Kurzen Abriß der Psychoanalyse* von 1924 hat er später selbstbewußt darüber geurteilt: »Die Psychoanalyse ist sozusagen mit dem zwanzigsten Jahrhundert geboren; die Veröffentlichung, mit der sie als etwas Neues vor die Welt tritt, meine *Traumdeutung* trägt die Jahreszahl 1900.«[22] Dennoch war Freud von der kritischen Aufnahme seines Werkes zunächst enttäuscht und führte dies darauf zurück, dass er der wissenschaftlichen Welt »um 10–15 Jahre voraus« sei.[23]

In den ersten sechs Jahren wurden lediglich 351 Exemplare des Werkes verkauft. Ab 1908 erschienen in stetiger Folge bis 1930 sieben weitere Auflagen, die von Freud ständig ergänzt, korrigiert und überarbeitet wurden. Im Vorwort zur zweiten Auflage gibt Freud Auskunft über die Motive seiner Arbeit »an diesem schwer lesbaren Buche […] In den langen Jahren meiner Arbeit an den Neurosenproblemen bin ich wiederholt ins Schwanken geraten und in manchem irre geworden; dann war es immer wieder die *Traumdeutung*, an der ich meine Sicherheit wiederfand […] Für

Freud und Martha Bernays 1885, ein Jahr vor der Heirat

mich hat dieses Buch nämlich noch eine andere subjektive Bedeutung, die ich erst nach seiner Beendigung verstehen konnte. Es erwies sich mir als ein Stück meiner Selbstanalyse, als meine Reaktion auf den Tod meines Vaters, also auf das bedeutsamste Ereignis, den einschneidendsten Verlust im Leben eines Mannes.«[24]

Für Freud ist der Traum das Modell für das Psychische und dessen Ausdrucksformen überhaupt: für das neurotische Symptom ebenso wie für die Kunst; was immer die Seele an Sinn und Unsinn, an Geschichten, Witzen, Phobien und Versprechern hervorbringt, sie folgt dabei stets dem Muster der Traumproduktion. In den Träumen zeigt sich, dass »normale« und »kranke« Erscheinungen des Seelischen denselben Gesetzen gehorchen. *Die Traumdeutung* umfasst sieben Kapitel, die mit einer Übersicht über die ›wissenschaftliche Literatur der Traumprobleme‹ beginnt. Mit der Analyse eines Traummusters im »Traum von Irmas Injektion«, den er 1895 bei einem Aufenthalt im Haus Belle Vue am Cobenzl bei Wien geträumt hatte, wird die Methode der Traumdeutung beschrieben. Freud behauptete, mehr als tausend eigene Träume und solche von Analysanden gedeutet zu haben. Im Sommer 1900 schrieb er an Fließ: »Glaubst Du eigentlich, dass an dem Haus dereinst auf einer Marmortafel zu lesen sein wird?: *Hier enthüllte sich am 24. Juli*

1895 dem Dr. Sigmund Freud das Geheimnis des Traumes. Die Aussichten sind bis jetzt hierfür gering«[25]
Anhand einer ansehnlichen Liste von Beispielen wird in dem Buch die wesentliche These der Traumdeutung zusammengefasst, dass nämlich alle Träume, auch negative oder peinliche, eine Wunscherfüllung darstellen. Freud hat mit der Technik der Traumdeutung das Verfahren beschrieben, das uns vom manifesten Trauminhalt zum versteckten Sinn des Traumes, zu den latenten Traumgedanken führt, welche sich vorwiegend aus unbewussten Wünschen zusammensetzen. In der Deutung des Traumes wird der Vorgang der Traumarbeit, der sich in Verdichtung oder Verschiebung der Trauminhalte äußert, wieder rückgängig gemacht und so der hinter dem manifesten Trauminhalt stehende Vorstellungsinhalt offenbart. Im Zusammenhang mit seiner Traumauffassung hat Freud schließlich im Schlusskapitel der Traumdeutung eine eigenständige *Psychologie der Traumvorgänge* entwickelt, seine Psychologie des Unbewussten.

Als Freud im Jahr 1900, die *Traumdeutung* war schon seit sechs Monaten veröffentlicht, vierundvierzigjährig die Geburtstagsglückwünsche seines Freundes Wilhelm Fließ entgegengenommen hatte, antwortete er diesem in gedrückter Stimmung und in der vermeintlichen

Gewissheit, dass sein Buch nicht ausreichend gewürdigt worden war: »Kein Kritiker […] kann schärfer als ich sehen, welches Missverständnis sich zwischen Problemen und Lösungen auftut, und zur gerechten Strafe wird es mir sein, dass keine der unentdeckten Provinzen im Seelenleben, die ich zuerst von den Sterblichen betreten, je meinen Namen führen oder meinen Gesetzen gehorchen wird […] Ja, ich bin wirklich schon 44 Jahre, ein alter etwas schäbiger Israelit«.[26]

Auch ein Traum: Rom

Im Sommer 1901 besucht Freud, zusammen mit seinem Bruder Alexander Rom und setzt seine in der *Traumdeutung* in mehreren Träumen formulierte Sehnsucht, in die Heilige Stadt zu gelangen, in die Wirklichkeit um. Diese Reise wird für Freud zur Reise zum Judentum des nachträglich idealisierten Vaters. »*Hannibal* [der Held seiner Gymnasialjahre, H.B.] und *Rom* symbolisieren dem Jüngling den Gegensatz zwischen der Zähigkeit des Judentums und der Organisation der katholischen Kirche.«[27] Freud erinnerte sich in diesem Zusammenhang an eine antisemitische Demütigung, von der ihm sein Vater berichtete: »Ich mochte zehn oder zwölf Jahre gewesen sein, als mein Vater begann, mich auf seine Spaziergänge mitzunehmen und mir in Gesprächen seine Ansichten über die Dinge dieser Welt zu eröffnen. So erzählte er mir einmal, um mir zu zeigen, in wie viel besseren Zeiten ich gekommen sei als er: Als ich ein junger Mensch war, bin ich in Deinem Geburtsorte am Samstag in der Straße spazieren gegangen, schön gekleidet, mit einer neuen Pelzmütze auf dem Kopf. Da kommt ein Christ daher, haut mir mit einem Schlag die Mütze in den Kot und ruft dabei: Jud, herunter vom Trottoir! «Und was hast Du getan?» Ich bin auf den Fahrweg gegangen und habe die Mütze aufgehoben, war die gelassene Antwort. Das schien mir nicht heldenhaft von dem großen starken Mann, der mich Kleinen an der Hand führte. Ich stellte dieser Situation, die mich nicht befriedigte, eine andere gegenüber, die meinem Empfinden besser entsprach, die Szene, in welcher Hannibals Vater, Hamilkar Barkas, seinen Knaben vor dem Hausaltar schwören lässt, an den Römern Rache zu nehmen. Seitdem hatte Hannibal einen Platz in meinen Phantasien.«[28]

Er besuchte zum ersten Mal auch die Moses-Statue des Michelangelo in der Kirche San Pietro in Vincoli, die er auf seinen insgesamt sechs Romreisen bis 1913 immer wieder, gelegentlich sogar täglich, aufsuchte. 1914 erscheint anonym sein Essay *Der Moses des Michel-*

angelo, anonym deshalb, weil er selbst Zweifel an der Stimmigkeit seiner Deutung hegte. Erst 1924 wurde dieser Essay unter seinem Namen im Kontext der Gesammelten Schriften veröffentlicht.

Nach seiner Rückkehr aus Rom – der Besuch war, wie Freud nüchtern bemerkte, »ein Höhepunkt« in seinem Leben - veröffentlichte er im Spätherbst 1901 unter dem Titel *Zur Psychopathologie des Alltagslebens* mit dem Untertitel *Über Vergessen, Versprechen, Vergreifen, Aberglauben und Irrtum* eine Sammlung aufschlussreicher Anekdoten über alle Arten von Fehlleistungen, die er schon in den späten 1890er Jahren begonnen hatte. Freud zeigt darin, dass die »Fehlleistungen« des Bewusstseins nicht zufällige Ereignisse sind, sondern Ausdruck eines Konfliktes zwischen bewussten Absichten und unbewussten gegenläufigen Tendenzen und unterstreicht den mit der *Traumdeutung* erhobenen Anspruch der Psychoanalyse, eine *allgemeine* Psychologie zu sein. Das Buch wurde Freuds meistgelesenes Werk, es erlebte zu seinen Lebzeiten nicht weniger als elf Auflagen und wurde in zwölf Sprachen übersetzt.

Von der Bewegung zur Institution

Endlich, am 22. Februar 1902, unterzeichnete der österreichische Kaiser die Verfügung, durch die Freud den Titel eines außerordentlichen Professors erhielt.

Nachdem er im vorangegangenen Herbst aus Rom zurückgekehrt war, hatte er sich mit der zunehmenden Entfremdung zwischen ihm und Fließ einsamer denn je gefühlt. Er hatte erkannt, dass das bloße Warten auf eine Professur ihm nicht weiterhelfen würde. Seit 1885 war er Privatdozent. Zwei Jahre später schlugen ihn zwei seiner einflussreichsten Kollegen für eine Professur vor. Es geschah nichts. Er sah schweigend zu, wie die Parade der Beförderungen Jahr für Jahr an ihm vorbeizog. Er beschloss jetzt, seine Zurückhaltung aufzugeben, und mobilisierte seine ehemalige Patientin, Frau Professor Elise Gomperz, um zu seinen Gunsten im Ministerium zu intervenieren. Den Ausschlag gab aber dann Baronin Ferstl, die sich für Freud beim Minister verwendete. Als Bestechungsgeschenk, berichtete Freud, war ein »modernes Bild« von Orlik für die Galerie zugesagt, die der Minister einzurichten plante.[29]

Im Herbst 1902 begann Freud, sich jeden Mittwoch Abend in der Berggasse 19 mit einer sehr kleinen, langsam wachsenden Anzahl von Ärzten – anfangs waren es

Sigmund Freud und Wilhelm Fließ, sein wichtigster Freund

nur fünf – und einigen interessierten Laien zu treffen, um unter seinem unbestrittenen Vorsitz Krankengeschichten, psychoanalytische Theorie und Vorstöße in der Psychobiographie zu diskutieren. Die Gruppe war mehr oder weniger ein Ersatz für Wilhelm Fließ, und sie lieferte ein wenig von dem Beifall, den er für die *Traumdeutung* erhofft hatte. Neben Wilhelm Stekel, auf dessen Vorschlag die *Psychologische Mittwoch-Gesellschaft* gegründet wurde, gehörten mit Freud die Ärzte Max Kahane, Rudolf Reitler und Alfred Adler zum Kern der Gruppe. »Die Versammlungen«, erinnerte sich später Max Graf, »folgten einem bestimmten Ritual. Zuerst hielt eines der Mitglieder einen Vortrag. Dann wurde schwarzer Kaffee und Kuchen gereicht; Zigarren und Zigaretten lagen auf dem Tisch und wurden in großen Mengen konsumiert. Nach einer geselligen Viertelstunde begann die Diskussion. Das letzte und entscheidende Wort sprach immer Freud selbst.«[30] 1906 war die Mitgliederzahl auf siebzehn angestiegen, die Mittwoch-Gesellschaft nannte sich von nun an *Wiener Psychoanalytische Vereinigung*. Als Schriftführer wurde Otto Rank bestimmt, der die Anwesenden notierte, über die Beiträge Buch führte und von jedem Vortragsabend ausführliche Aufzeichnungen machte. Bis zum Jahr 1915 sind diese Aufzeichnungen nahezu vollständig erhalten. Diese Protokolle kennzeichnen den Übergang der Psychoanalyse von einer »freien« Bewegung zu einer institutionalisierten Schule. Die Vereinigung bestand bis 1918.

Noch während der Korrekturen am Traumbuch rührten sich in ihm erste Ideen zur Sexualität. An Fließ schrieb er: »Es arbeitet merkwürdigerweise im untersten Stock. Eine Sexualtheorie dürfte die nächste Nachfolgerin des Traumbuches werden.«[31] Es sollte noch bis 1905 dauern, bis ihm mit den *Drei Abhandlungen zur Sexualtheorie* der zweite große theoretische Wurf gelang. In dieser Untersuchung wird das psychoanalytische Phasenmodell der kindlichen Sexualentwicklung – von der oralen zur analen, zur phallischen Phase – als Darstellung eines Prozesses von Verdichtungen und Verschiebungen, analog zur Darstellung der Traumarbeit gelesen. Die Mechanismen, die den Textkorpus des Traumes herstellen, sind es auch, die den sexuellen Körper erzeugen. In der ersten Abhandlung stellte Freud eine umfassende Sammlung erotischer Veranlagungen und Neigungen vor und teilt sie in zwei Gruppen ein, die in Bezug auf das Sexualobjekt und auf das Sexualziel von der Normalität abweichen. Im zweiten Abschnitt beschäftigte er sich mit der kindlichen Sexualität, er glaubte, dass die sexuelle Entwicklung des

Menschen im Säuglingsalter einsetzt und bestimmte Phasen durchläuft. In der letzten Abhandlung widmete sich Freud der Pubertät und Adoleszenz, in der sich schließlich die sexuelle Identität festigt.

Mit diesem Buch und einigen weiteren Abhandlungen zur Sexualität und zur Sexualmoral hat sich Freud neben den Vorwürfen ärztlicher Kollegen auch den Ruf eines pornografischen Schriftstellers eingehandelt. Und selbst seine Frau Martha soll einmal geäußert haben, dass sie die Psychoanalyse für eine Art Pornographie halten würde, wenn sie nicht wüsste, dass ihr Mann ein ernsthafter Mensch sei.

Im gleichen Jahr wie die Abhandlungen publizierte Freud seine Schrift *Der Witz und seine Beziehung zum Unbewussten* (1905). An zahlreichen Witzbeispielen und Witztechniken wies er nach, dass das Ziel jedes Witzes Lustgewinn ist, und entdeckte Parallelen zwischen Witz und Traumarbeit.

Zur Feier seines fünfzigsten Geburtstages im Jahre 1906 schenkten Freuds Bewunderer ihm eine Medaille, die auf einer Seite sein Porträt im Profil und auf der anderen Seite Ödipus, der das Rätsel der Sphinx löste, zeigte. Die griechische Inschrift lautete: »Er löste das berühmte Rätsel und war ein gar mächtiger Mann!« Sie war dem *König Ödipus* des Sophokles entnommen. Ernest Jones schreibt, dass Freud bei der Überreichung, als er die Inschrift las, »blass und unruhig« wurde, »als wäre ihm ein Geist erschienen«. Er erinnerte sich, als junger Mann in den Arkaden der Wiener Universität spazieren gegangen zu sein. In der Phantasie hatte er sich ausgemalt, dass unter den dort aufgestellten Büsten berühmter vergangener Professoren auch einmal seine Büste stehen würde – mit genau der Inschrift, die seine Anhänger für die Medaille gewählt hatten. Zumindest sie hielten ihn, den Erforscher des Unbewussten, für den modernen Ödipus. Freud brauchte diese Ehrung. Seine lange dahinsiechende Freundschaft mit Fließ war nach einem letzten unangenehmen öffentlichen Aufflackern endgültig erloschen, und die Erinnerungen, die sie heraufbeschwor, bedrückten ihn schwer.

Auf Einladung der Clark University in Worcester, Massachusetts reiste Freud zusammen mit C.G. Jung, S. Ferenczi, E. Jones und A. Brill im Herbst 1909 nach Amerika. Aus der Hand von G. Stanley Hall, dem Rektor der Clark University, erhielt er die Ehrendoktorwürde und hielt fünf Vorträge in deutscher Sprache. Anlass war die Feier zum zwanzigsten Jahrestag der Gründung der Universität. G. Stanley Hall, ein unermüdlicher Publizist und Befürworter neuer Ideen, hatte die Kinderpsychologie in den USA populär gemacht. In

Begegnungen mit dem einflussreichen Psychologen und Philosophen William James sowie dem Neurologen J. J. Putnam, beide aus Harvard, konnte Freud erfahren, dass seine analytischen Ideen zustimmend aufgenommen wurden. In der Danksagung zum Ehrendoktorat sprach Freud stolz von der »ersten offiziellen Anerkennung unserer Bemühungen«, und Jahre später urteilte er in der *Selbstdarstellung* über seine Amerikareise: »der kurze Aufenthalt in der Neuen Welt tat meinem Selbstgefühl überhaupt wohl; in Europa fühlte ich mich wie geächtet, hier sah ich mich von den Besten wie ein Gleichwertiger aufgenommen. Es war wie die Verwirklichung eines unglaubwürdigen Tagtraumes, als ich in Worcester den Katheder bestieg, um meine *Fünf Vorlesungen über Psychoanalyse* abzuhalten. Die Psychoanalyse war also kein Wahngebilde mehr, sie war zu einem wertvollen Stück der Realität geworden.«[32]

1909 erschienen auch zwei wichtige Fallgeschichten: Die Falldarstellung des »Rattenmannes« veröffentlichte Freud unter dem Titel *Bemerkungen über einen Fall von Zwangsneurose*, und die Geschichte eines kleinen Jungen, der von seinem Vater unter Anleitung Freuds analysiert wurde, erschien als *Analyse der Phobie des kleinen Hans*.

Die Reinheit der Lehre

Mit dem Zustrom neuer Analytiker, mit Gruppierungen in Zürich, Budapest, Berlin und London, ja sogar in New York, hatte die Psychoanalyse als Bewegung aufgehört, eine bloße Wiener Angelegenheit zu sein. Durch die Schaffung einer *Internationalen Psychoanalytischen Vereinigung* im Jahr 1910 fand ihr Anspruch, eine universale Theorie des Psychischen zu sein, ihren politischen Niederschlag. Auf jährlichen Kongressen kam man zusammen, um Vorträge von Jung, Adler, Ferenczi, Abraham, Jones, Freud und anderen zu hören, wissenschaftliche Erkenntnisse und Fallgeschichten aus der analytischen Praxis auszutauschen und theoretische Modelle zur Diskussion zu stellen. »Meinungsverschiedenheiten innerhalb des Umkreises der Psychoanalyse-Forschung habe ich nie bekämpft«, schrieb Freud an Lou Andreas-Salomé, »zumal ich selbst über einen Gegenstand mehrere Meinungen habe, allerdings ehe ich die eine davon publiziere. An der Einheitlichkeit des Kerns muss man festhalten, sonst ist es eben etwas anderes.«[33]

Innere Gegensätze und Spannungen innerhalb der *Psychoanalytischen Vereinigung* sowie unterschiedliche theoretische Auffassungen zur Sexualität verfestigten

sich im psychoanalytischen Vereinsleben zu Familien-
krach und Erbstreit, wobei unüberwindliche Differenzen
hervortraten, die schließlich zum Bruch mit Adler,
Stekel und Jung führten.

Alfred Adler (1870–1937), einer der ersten Schüler und
Mitbegründer der *Mittwoch-Gesellschaft*, verließ im
Sommer 1911 mit einigen Getreuen die Vereinigung
und begründete nach seiner Trennung von Freud die
Schule der Individualpsychologie, in deren Mittelpunkt
der Begriff des Minderwertigkeitskomplexes steht. Er
stellte Freuds fundamentale These, dass die frühkindli-
che Sexualentwicklung entscheidend für die Bildung
des Charakters sei, in Frage und vertrat stattdessen die
Ansicht, dass die Ursache von Neurosen in der Organ-
minderwertigkeit läge.

Zum Bruch mit Wilhelm Stekel (1868–1940) kam es,
nachdem dieser als leitender Redakteur des *Zentral-
blattes für Psychoanalyse* den Abdruck von Besprechun-
gen eines anderen Vereinsmitgliedes zu verhindern versuchte. Freud fand, dass er eine solche Willkür »nicht
erlauben konnte«, und teilte Abraham im November
1912 mit, dass Stekel »seine eigenen Wege geht«.[34]

Unmittelbar nach der Trennung von Adler, auf dem
Psychoanalytischen Kongress in Weimar, war Freud wild
entschlossen, einen Nachfolger zu finden, der die inter-

nationale Anerkennung der Psychoanalyse forcieren könne. Er glaubte, diesen in dem Schweizer Psychiater Carl Gustav Jung (1875–1961) gefunden zu haben. Wie Jones in seiner Biographie berichtet, »fasste Freud den Beschluss, Jung zu seinem Nachfolger zu erklären, und nannte ihn manchmal den «Kronprinzen» [...] Jung sollte der Josua sein, dazu bestimmt, das Gelobte Land der Psychiatrie zu erforschen, das er selbst, wie Moses, nur von weitem erblicken dürfe.«[35] An Binswanger schrieb er im März 1911: »Wenn das von mir gegründete Reich verwaist, soll kein anderer als Jung das Ganze erben. Sie sehen, meine Politik verfolgt dieses Ziel unausgesetzt, und mein Verhalten gegen Stekel und Adler fügt sich in dasselbe System ein.«[36] Freud versuchte, Jung auf lebenslängliche Zeit zum Präsidenten der *Internationalen Psychoanalytischen Vereinigung* küren zu lassen.

Die Wiener Analytiker erhoben energische Einwände gegen den Vorschlag, Jung als ständigen Präsidenten und einen anderen Schweizer Psychiater, einem Verwandten Jungs, als Sekretär zu wählen. Bei einer privaten Versammlung in Stekels Zimmer im Grand Hotel erschien Freud uneingeladen. In großer Erregung sagte er laut Wittels: »Ihr seid zum größten Teil Juden und deshalb nicht geeignet, der neuen Lehre Freunde zu erwerben. Juden müssen sich bescheiden, Kulturdünger zu sein.

Ich muss den Anschluss an die Wissenschaft finden: bin alt, will nicht immer angefeindet werden. Wir alle sind in Gefahr [...] Die Schweizer werden uns retten, mich und Sie alle.«[37] Jung wurde schließlich nur für zwei Jahre gewählt. Noch vor Ablauf seiner Amtszeit trat er zurück. Die Differenzen mit Freud, vor allem in der Frage der Bedeutung der Sexualität, waren unüberwindlich geworden.

In den Abspaltungen manifestierte sich der Widerspruch zwischen dem Charakter der Psychoanalyse, die als Bewegung sich in einer ständigen Modifikation und Umformulierung befand und die als Institution sich in einem wissenschaftlichen Kontext zu etablieren versuchte.

Um einer drohenden Zersplitterung der Psychoanalyse entgegenzuwirken und die Reinheit der Lehre dennoch vor Auflösungserscheinungen und Verrat zu bewahren, gründete sich auf Anregung von Ernest Jones 1912 ein *Geheimes Komitee*, dem neben Freud noch Rank, Abraham, Ferenczi, Jones, Sachs und ab 1919 Eitingon angehörten. Das »geheime Konzil, das sich aus den besten und zuverlässigsten unserer Leute zusammensetzen solle, deren Aufgabe es sei, für die Weiterentwicklung der Psychoanalyse zu sorgen und die Sache gegen Persönlichkeiten oder Zwischenfälle zu verteidigen, wenn ich

Freud und sein »Geheimes Komitee« 1922

v.l.n.r. Otto Rank, Sigmund Freud, Karl Abraham,
Max Eitingon, Sandor Ferenczi, Ernest Jones und Hanns Sachs

nicht mehr da bin [...] Ich möchte sagen, es würde mir das Leben und Sterben leichter machen, wenn ich wüsste, dass eine solche Gemeinschaft zum Schutz meiner Schöpfung existiert. Vor allem aber ist dies zu beachten: Das Komitee müsste in seiner Existenz und in seinem Wirken streng geheim bleiben [...]«[38] Jedem der Mitglieder schenkte Freud zur Feier des Ereignisses eine griechische Gemme aus seiner Antiquitätensammlung, die sich jeder in einen goldenen Ring fassen ließ. Das Komitee bestand etwas mehr als zehn Jahre, bis es an internen Streitigkeiten und dem Abfall von Otto Rank zerbrach.

Kriegsjahre

Wie viele seiner Zeitgenossen, wie Thomas Mann, Hugo von Hofmannsthal oder Rainer Maria Rilke, hatte Freud sich zu Beginn des Ersten Weltkrieges vom patriotischen Kriegstaumel mitreißen lassen. Seine drei Söhne wurden zum Militär eingezogen, einer, Martin wurde sogar verwundet und geriet in Gefangenschaft. Der Krieg brachte vielerlei Einschränkungen mit sich, die Analysanden blieben aus, besonders die in Devisen zahlenden aus dem Ausland. 1914 sah sich Freud zunehmend isoliert, viele seiner Schüler und Anhänger wurden zum Militärdienst eingezogen und die Kontakte zum Ausland unterbrochen. Die *Wiener Psychoanalytische Vereinigung*, die sich seit Jahren regelmäßig mittwochs getroffen hatte, konnte sich nur noch sporadisch zusammenfinden. Kongresse, die das »Lebensblut ihrer Wissenschaft«[39] waren, fanden nicht mehr statt, psychoanalytische Zeitschriften waren zur Einstellung verdammt. Der Krieg stellte eine akute Gefahr für das Überleben der Psychoanalyse dar. Freud sah nur noch wenige Patienten und hatte viel Zeit zum Schreiben.

So wurden die Kriegsjahre in dieser Hinsicht für ihn eine ausgesprochen produktive Zeit. Es entstanden neben einer Reihe von Aufsätzen seine *Vorlesungen zur Einführung in die Psychoanalyse* (1916/17), die er vor einer ansehnlichen Zuhörerschaft an der Universität Wien zwischen 1915 und 1917 hielt. Freuds Essay *Zeitgemäßes über Krieg und Tod* (1915) wurde seine erste kritische Antwort auf das sinnlose Massenschlachten in den Schützengräben. Er formulierte darin die Enttäuschung, die der Krieg beim Individuum hervorgebracht habe und dessen moderne Einstellung zum Tod.

Mit dem Kriegseintritt der Amerikaner auf der Seite der Alliierten im Jahre 1917, machte sich der Krieg auch in der Heimat bemerkbar. Die Lebensmittel in Wien wurden knapp, Heizmaterial gab es kaum noch. Inflation

*Freud mit seiner Tochter Anna während eines Sommerurlaubes
1918 in den Dolomiten*

und Schwarzhandel blühten. Freud beklagte, dass er für seine Familie nicht genug zu Essen habe und er mit klammen Fingern im ungeheizten Arbeitszimmer zu schreiben versuche. Selbst nach dem Ende des Krieges beherrschte die Sorge um das bloße Überleben noch mehrere Jahre seinen Alltag und die Korrespondenz. Im April 1919 schrieb er an Ernest Jones: »Wir sind alle hungrige Bettler geworden, aber Sie sollen keine Klagen hören. Ich bin noch aufrecht und halte mich nicht für verantwortlich für irgendeinen Teil des Unsinns der Welt.«[40]

Auf dem Psychoanalytischen Kongress, dem ersten nach dem Krieg, der im September 1918 in Budapest stattfand, standen im Zentrum des Interesses die psychischen Auswirkungen des Kriegsgeschehens und die therapeutischen Möglichkeiten, die die Psychoanalyse in der Behandlung von Kriegsneurosen bot. Die Heilerfolge, die die psychoanalytische Therapie im Gegensatz zu den bis dahin eingesetzten Behandlungsmethoden von traumatisierten Soldaten erzielte, brachte ihr innerhalb der akademischen Medizin breite Anerkennung ein.

Die menschliche Brutalität und Zerstörungswut des Weltkrieges zwangen Freud, den Themen Aggressivität und Destruktivität größere Bedeutung beizumessen. In

Jenseits des Lustprinzips (1920) stellt er, dem Dualismus seiner Triebtheorie folgend, den Lebenstrieben (Sexual- und Selbsterhaltungstrieb) erstmals den Begriff des Todestriebes gegenüber. Bei der Behandlung sogenannter Kriegsneurotiker hatte er die Beobachtung gemacht, dass viele in ihren Träumen die traumatischen Erlebnisse, die zu ihrer Erkrankung geführt hatten, immer wieder reproduzierten, dass die Unlust bereitenden Ereignisse, deren Opfer sie geworden waren, sich geradezu zwanghaft wiederholten. Freud kam zu dem Schluss, »dass es im Seelenleben wirklich einen Wiederholungszwang gibt, der sich über das Lustprinzip hinaussetzt« und dieser Zwang ist »ursprünglicher, elementarer, triebhafter, als das von ihm zur Seite geschobene Lustprinzip.«[41] Ziel des Todestriebes ist es, das Lebewesen in den anorganischen Zustand zurückzuführen.

Im Jahr darauf, erschien die Schrift *Massenpsychologie und Ich-Analyse* (1921). Freud behandelt darin am Beispiel von Institutionen wie Kirche und Armee, die Beziehungen, die die Mitglieder einer Masse zusammenhalten sowie das Verhältnis von *Ich-Ideal zu Führer-Ideal*. Diese Schrift war Freuds subtile Antwort auf das Phänomen moderner Massenbewegungen, und er hat damit, ohne es zu wissen, eine ziemlich exakte Analyse der nationalsozialistischen Herrschaft und ihrer Funktionsmechanismen vorgelegt.

Freud, der sich während des Krieges ständig sorgte, Familienangehörige – seine drei Söhne waren an der Front – zu verlieren, musste Anfang 1920 den Tod seiner zweitältesten Tochter Sophie erdulden. Sie war im Alter von 26 Jahren an einer schweren Grippe verstorben und hinterließ zwei kleine Söhne, Ernst und Heinele, Freuds Lieblingsenkel. Die Nachkriegssituation erlaubte es nicht, zur Beerdigung nach Hamburg zu reisen, »es ging kein Zug [. . .] Die Brutalität der Zeit drückt auf uns. Morgen wird sie eingeäschert, unser armes Sonntagskind!«[42]

Im Februar 1923 traf ihn selbst ein weitere Schicksalsschlag: An seinem Gaumen wurde ein bösartiger Tumor entdeckt, der zahlreiche chirurgische Eingriffe notwendig machte, bei dem Teile des Oberkiefers und des Gaumens entfernt werden mussten. Freud war von nun an gezwungen, eine Prothese zu tragen, die Teile des Kiefers und des Gaumens ersetzte und die ihm große Beschwerden bereitete. Er nannte sie nur »das Ungeheuer«.

Wenige Monate nach dieser schweren Operation starb gänzlich unerwartet der Lieblingsenkel Heinele, dessen Tod Freud nicht verwinden konnte und der ihn in eine

*Freud 1916 mit seinen Söhnen Ernst und Martin
während eines Heimaturlaubs*

tiefe Depression stürzte. » [...] Diesen Verlust vertrage ich so schlecht, ich glaube, ich habe nie etwas Schwereres erlebt, vielleicht wirkt die Erschütterung durch meine eigene Erkrankung mit. Ich mache meine Arbeit notgedrungen, im Grunde ist mir alles entwertet.«[43]

In dieser niedergeschlagenen Stimmung las Freud die Korrekturfahnen seiner nächsten Schrift, von *Das Ich und das Es* (1923). Nach Peter Gays Beurteilung ist dieses kleine Buch ein Triumph klarer geistiger Energie und gehört neben der *Traumdeutung* und den *Drei Abhandlungen zur Sexualtheorie* zu seinen unentbehrlichsten Texten.

Eine anerkannte Wissenschaft

Mitte der zwanziger Jahre schien die Psychoanalyse salonfähig geworden zu sein. In den Kaffeehäusern und auf Cocktailpartys, in Tageszeitungen und Zeitschriften diskutierte man heftig die Lehren Freuds. Überall wurde darüber gesprochen, aber es fehlte auch nicht an Verleumdungen und Anfeindungen.

1924 erhielt Freud die Ehrenbürgerschaft seiner Heimatstadt Wien, die ihm zwei Jahre später zum 70. Geburtstag überreicht wurde. Der Herausgeber der Chicago Tribune bot Freud 25.000 Dollar, wenn er bereit sei, in einem spektakulären Mordprozess die Mörder zu analysieren. Der Hollywood-Produzent Samuel Goldwyn versuchte wenig später, für ein gigantisches Honorar von 100.000 Dollar Freud zur Mitarbeit an einem Liebesfilm zu gewinnen. Selbst für die deutsche Filmindustrie schien die Psychoanalyse ein attraktives Thema für ein Massenpublikum zu sein. Die Berliner Analytiker Hanns Sachs und Karl Abraham wirkten, trotz eines Einspruchs von Freud, am Drehbuch für den Ufa-Film *Geheimnisse einer Seele. Ein psychoanalytisches Kammerspiel* (1925) in der Regie von G. W. Pabst mit. Freud äußerte eine Abneigung gegen alles, was seine Person mit einem Film in Verbindung bringen könnte. Zur Popularisierung der Lehren Freuds trugen auch Schriften wie das von Paul Federn und Heinrich Meng 1926 herausgegebene *Psychoanalytische Volksbuch* bei, das in 37 kurzen Beiträgen unter Vermeidung schwieriger Terminologie und mit alltäglichen Beispielen das gesamte Gebiet der Psychoanalyse abdeckte.

Bereits 1908 hatte Karl Abraham im Berlin ein Psychoanalytisches Institut gegründet, das in den Zwanzigern einen legendären Ruf besaß und angehende Analytiker und Kandidaten aus ganz Europa und USA in Scharen anzog. Der Berliner Klinik war ein Ausbildungsinstitut angeschlossen, dessen Richtlinien eine Lehranalyse vorschrieben. Niemand sollte analysieren, der nicht selbst analysiert worden war. Neben Abraham analysierten hier Hanns Sachs, Sandor Rado, Max Eitingon, Otto Fenichel u. v. a. Die Absolventen trugen enorm zur Verbreitung der Psychoanalyse bei, sie eröffneten analytische Praxen in ihren Heimatorten oder gründeten neue Institute. Sie übersetzten Freuds Schriften in andere Sprachen, publizierten ihre eigenen Forschungen in den zahlreichen neu gegründeten psychoanalytischen Zeitschriften, diskutierten die Ergebnisse ihrer klinischen Arbeit auf den regelmäßigen Kongressen und sicherten mit der Verbreitung der Wissenschaft die Zukunft der Psychoanalyse.

Freud konnte mit dieser Entwicklung zufrieden sein. Zu seinem siebzigsten Geburtstag im Jahr 1926, wurde, obgleich er sich gegen die Feiern wehrte, landauf landab in Zeitungen und Zeitschriften, sogar im Rundfunk, Leben und Werk ausführlich gewürdigt. Anerkennung brachte auch eine bewegende Feier, die die B'nai B'rith-Loge für den Jubilar organisierte, der aber selbst nicht teilnehmen konnte. In einem Dankschreiben an die Mitglieder der Loge betonte Freud erneut seine Einstellung, die ihn an das Judentum, an die Gemeinschaft der Bundesbrüder band: »ich war immer ein Ungläubiger, bin ohne Religion erzogen worden, wenn auch nicht ohne Respekt vor den *ethisch* genannten Forderungen der menschlichen Kultur. [...] Aber es blieb genug anderes übrig, was die Anziehung des Judentums und der Juden so unwiderstehlich machte, viele dunkle Gefühlsmächte, umso gewaltiger, je weniger sie sich in Worten erfassen ließen, ebenso wie die klare Bewusstheit der inneren Identität, die Heimlichkeit der gleichen seelischen Konstruktion.«[44] Im Hochgefühl der Ehrungen zu seinem Geburtstag berichtete er an seinen Neffen in Manchester: »Ich gelte als Berühmtheit; Schriftsteller und Philosophen, die durch Wien kommen, suchen mich auf, um mit mir zu sprechen, die Juden aus aller Welt sind stolz auf meinen Namen und vergleichen mich mit Einstein. Alles in allem habe ich keine Ursache, mich zu beklagen und voll Furcht dem nahen Ende meines Lebens entgegenzusehen.«[45]

Mit *Die Zukunft einer Illusion* (1927) eröffnete Freud eine Reihe von religions- und kulturkritischen Schriften, die ihn für den Rest seines Lebens beschäftigen sollten. Zu den wichtigsten Texten gehören die Arbeit *Das Unbehagen in der Kultur* (1930), die unmittelbar an die Gedankengänge der vorangegangenen Schrift anschließt, *Warum Krieg?* (1933) und schließlich die Studie *Der Mann Moses und die monotheistische Religion* (1939), an der er seit 1934 gearbeitet hatte.

Freud mit Tochter Anna im Herbst 1928 in Berlin

Freuds Abhandlung von 1927, die er einem französischen Psychoanalytiker gegenüber als »mein schlechtestes Buch« bezeichnete, versucht eine Analyse der Religion, in der ihre Funktion innerhalb der Kultur, für die Gesellschaft und für den einzelnen bestimmt wird. Freud definiert die Religion hierbei als »kollektive Zwangsneurose«, die den einzelnen vor einer individuellen Zwangsneurose bewahrt. Die »Götter« werden so als Symptome analysierbar, die, indem sie Ersatzbildungen für die kulturell unerwünschten Triebe des Menschen bereitstellen, den für eine Kultur notwendigen Triebverzicht befördern. Die Religion war daher nützlich, aber letztlich hat sie den Menschen ebenso viele Probleme gebracht, wie sie löste. Freud hofft in dieser Schrift noch, die »Illusion« schrittweise durch Wissenschaft und Erkenntnis ersetzen zu können, denn: »Die Stimme des Intellekts ist leise, aber sie ruht nicht, ehe sie sich Gehör verschafft hat.«[46]

Im Sommer 1928 musste sich Freud erneut nach Berlin begeben, um seine Prothese anzupassen, die ihm immer wieder große Schmerzen bereitete. Das Gehör und die Sprechfähigkeit waren schon in Mitleidenschaft gezogen, so dass die Kommunikation bereits beschwerlich war. Seit Mitte der 20er Jahre musste er aus gesundheitlichen Gründen auch darauf verzichten, an den psychoanalytischen Kongressen teilzunehmen. Dort wurde er meist von seiner jüngsten Tochter Anna vertreten.

Seit ihrer Mädchenzeit war Anna Freud darauf bedacht, sich um ihren Vater zu kümmern. »Sie ist das begabteste und gebildetste meiner Kinder und dazu ein wertvoller Charakter, voller Interesse zu lernen, sich umzusehen und die Welt zu verstehen.«[47] Zunächst absolvierte sie eine Ausbildung zur Volksschullehrerin und arbeitete bis in die frühen zwanziger Jahre an einer Mädchenschule. Seit 1916, nach dem Besuch der *Vorlesungen zur Einführung in die Psychoanalyse*, die Freud an der Wiener Universität anbot, fühlte sie sich ermutigt, Psychoanalytikerin zu werden. 1918 begann Anna Freud eine vierjährige Analyse bei ihrem Vater. Ab 1922 schrieb sie eine psychoanalytische Abhandlung über Schlagephantasien, die ihre Eintrittskarte für eine Mitgliedschaft in der Wiener Psychoanalytischen Vereinigung wurde. Von da an begleitete sie ihren stolzen Vater auf Kongresse, vertrat ihn später bei wissenschaftlichen Sitzungen und Banketten. Sie nahm für ihn in Frankfurt 1930 den Goethepreis entgegen und verlas seine Rede. Sie war Sekretärin, engste Vertraute und Krankenschwester des leidenden Vaters; sie las als erste die Manuskripte Freuds, sie war seine »Antigone«.

In der Nachschrift zu seiner *Selbstdarstellung* bekannte Freud 1935, dass er seit der Aufstellung seiner Triebtheorie zu Beginn der zwanziger Jahre keine entscheidenden Beiträge mehr zur Psychoanalyse geliefert habe. »Nach lebenslangen Umwegen über die Naturwissenschaften, Medizin und Psychotherapie war mein Interesse zu jenen kulturellen Problemen zurückgekehrt, die dereinst den kaum zum Denken erwachten Jüngling gefesselt hatten. Bereits mitten auf der Höhe der psychoanalytischen Arbeit, im Jahr 1912, hatte ich in *Totem und Tabu* den Versuch gemacht, die neu gewonnenen analytischen Einsichten zur Erforschung der Ursprünge von Religion und Sittlichkeit auszunützen.« Zwei spätere Essays *Die Zukunft einer Illusion* und *Das Unbehagen in der Kultur* setzten dann diese Arbeitsrichtung fort.[48]

In *Das Unbehagen in der Kultur* (1929) das er ursprünglich unter dem Titel »Das Unglück in der Kultur« veröffentlichen wollte, entfaltete Freud eines seiner zentralen Themen, den unaufhebbaren Gegensatz zwischen den Forderungen der menschlichen Triebe und den von der Kultur abverlangten Triebverzicht. Jeder Triebverzicht hat dort seine Grenzen, wenn er durch überzogene Moralvorstellungen die kulturelle Kontrolle der Triebe verunmöglicht: die unterdrückten Triebregungen brechen sich vermehrt in der Form des »Destruktionstriebes« ihre Bahn. Freud sah in dieser zutiefst pessimistischen Schrift nur dann eine Chance für die »Menschenart«, wenn es gelänge, den menschlichen Aggressions- und Selbstvernichtungstrieb zu bewältigen. »Die Menschen haben es jetzt in der Beherrschung der Naturkräfte soweit gebracht, dass sie es mit deren Hilfe leicht haben, einander bis auf den letzten Mann auszurotten. Sie wissen das, daher ein gut Stück ihrer gegenwärtigen Unruhe, ihres Unglücks, ihrer Angststimmung. Und nun ist zu erwarten, dass die andere der beiden »himmlischen Mächte«, der ewige Eros, eine Anstrengung machen wird, um sich im Kampf mit seinem ebenso unsterblichen Gegner zu behaupten. Aber wer kann den Erfolg und Ausgang voraussehen?«[49] Angesichts der heraufkommenden Bedrohung durch den Nationalsozialismus hatte er den letzten Satz in der zweiten Auflage 1931 hinzugefügt. Das Buch wurde erstaunlich populär, innerhalb eines Jahres war die Auflage von 12.000 Exemplaren vergriffen.

Die letzten Lebensjahre

Ab Oktober 1929 führte Freud die letzten zehn Jahre seines Lebens ein «lakonisches Tagebuch», mit knappen Einträgen, meist nur aus Stichwörtern bestehend. Die von ihm selbst betitelte *Kürzeste Chronik* dokumentierte die Stadien seines eigenen Verfalls. Das Spektrum der Themen, die darin behandelt wurden, umfasste die üblichen Tagebucheinträge wie Krankheiten, Besucher, Familienangelegenheiten, aber auch seine Schriften und Publikationen, Freuds Antiquitätensammlung oder nationale und internationale Politik. Bereits am 7. November 1929 sind »Antisemit. Unruhen« vermerkt, ein Vorgeschmack auf die gewalttätigen Formen, die der Antisemitismus nun annahm. Ein Jahr später notiert er am 6. November 1930 »Im Nobelpreis endgiltig übergangen«. Ein anderer Wiener Arzt hatte ihn bekommen. Freud war allerdings im Sommer 1930 mit dem Goethepreis der Stadt Frankfurt geehrt worden. Zwar fühlte er sich geschmeichelt, hegte aber auch den Verdacht, dass hinter der Auszeichnung seiner Person sich ein Widerstand gegen die Erkenntnisse der Psychoanalyse verbergen könne. Da Freud selbst sich zu schwach fühlte, fuhr Anna an seiner statt nach Frankfurt. In der *Kürzesten Chronik* schlugen sich auch die politischen Ereignisse in Deutschland nieder. Die Ernennung Hitlers zum Reichskanzler ist ebenso vermerkt wie der Reichstagsbrand: »Parlament Berlin in Brand« oder die Bücherverbrennung, bei der am 10. Mai 1933 auch Freuds Bücher und die Psychoanalytischen Schriften ins Feuer geworfen wurden. Freud bemerkte dazu sarkastisch: »Was wir für Fortschritte machen! Im Mittelalter hätten sie mich verbrannt, heutzutage begnügen sie sich, meine Bücher zu verbrennen.«[50] Ferenczi hatte ihn schon im März eindringlich gebeten, Österreich zu verlassen, doch Freud fand wenig Gefallen an der Vorstellung, Flüchtling zu sein. »Das einzige, was ich sagen kann, ist, dass wir entschlossen sind, hier bis zum letzten auszuharren. Vielleicht wird es nicht zu schlimm werden.«[51]

Im Mai 1936 wurde Freud achtzig. So sehr er Anerkennung schätzte, ertrug er das Schauspiel der Feiern mehr, als dass er es genoss. Stefan Zweig und Thomas Mann hatten eine Glückwunschadresse organisiert, die von 191 Künstlern unterzeichnet worden war. Unter den Gratulanten fanden sich James Joyce, Pablo Picasso, Leonard und Virginia Woolf, H.G. Wells, Albert Schweitzer, Albert Einstein u.v.m. Thomas Mann feierte ihn darüber hinaus mit dem Vortrag *Freud und die Zukunft*, den er ihm am 14. Juni in der Berggasse 19

Sigmund Freud in seinem Behandlungszimmer in Wien um 1935

persönlich vorlas. Schließlich wurde Freud als korres-
pondierendes Mitglied in die Royal Society gewählt,
eine Auszeichnung, die er besonders schätzte, weil ihr
auch Newton und Darwin angehört hatten. Im September beging er außerdem sein 50-jähriges Ehejubi-
läum mit Martha.

1937 waren die Kontakte Freuds durch seine fortschrei-
tende Krebserkrankung nur noch auf seine Familie und
engste Freunde begrenzt. Im Tagebuch wird der Tod
einer guten Freundin – Lou Andreas-Salomé vermerkt
und der seines Gegners und früheren Dissidenten der
psychoanalytischen Bewegung Alfred Adler.

Die Katastrophe Österreichs kam unausweichlich: Kurt
von Schuschnigg dankte nach einem Ultimatum Hitlers
am 11. März 1938 ab. Er hatte vergeblich versucht, durch
eine Volksabstimmung Österreichs Unabhängigkeit zu
retten. Freud notiert am 12. März in sein Tagebuch »Finis
Austriae«, am 13. März »Anschluß an Deutschland«, am
folgenden Tag »Hitler in Wien«. Österreich wurde zur
Generalprobe für die Pogrome im kommenden November in Deutschland. Bereits am darauf folgenden Tag
wurden die Räume des Psychoanalytischen Verlags und
die Wohnung in der Berggasse von der SA durchsucht.
»Als die Flucht unumgänglich war, löste Freud die
Wiener Psychoanalytische Vereinigung auf. Auf der letz-

ten Vorstandsitzung am 13. März 1938 erzählte er den Mitgliedern die Geschichte vom Rabbi Jochanan ben Zakkai, der nach der Zerstörung des Tempels in Jerusalem durch Kaiser Titus nach Jabne geflohen war und dort eine Thora-Schule gegründet hatte. So konnte die jüdische Tradition fortleben«.[52] Eine Woche später erschien die Gestapo erneut zu einer Hausdurchsuchung und nahm Anna Freud zu einem Verhör mit. Jetzt war auch Freud bereit, seine Heimatstadt zu verlassen. Nach vielen Schikanen und der Hilfe von Prinzessin Marie Bonaparte erhielt er schließlich eine Ausreiseerlaubnis für seine Familie und für seinen gesamten Hausstand, einschließlich seiner Antiquitätensammlung. Am 4. Juni verließ er Wien Richtung Paris und traf zwei Tage später in London ein. Kurz bevor sie ihn gehen ließen, bestand die Gestapo darauf, dass er eine Erklärung unterschreiben müsse, dass er gut behandelt worden sei. Seiner Unterschrift fügte er hinzu: »Ich kann die Gestapo jedermann auf das Beste empfehlen.«[53] Seinen vier Schwestern, die in Wien bleiben mussten, gelang es trotz zahlreicher Versuche Marie Bonapartes nicht, Ausreisevisa für sie zu erlangen, sie starben in den nationalsozialistischen Vernichtungslagern.

Das letzte große Werk Freuds, *Der Mann Moses und die monotheistische Religion* wurde 1939 im englischen Exil

Freud im Sommer 1938 an seinem Schreibtisch in London

veröffentlicht, obwohl zumindest der erste Entwurf schon 1934 fertiggestellt war. Zweifel an den eigenen Argumenten und Ängste, wie die mächtige römisch-katholische Kirche auf seine Thesen reagieren würde, hielten ihn davon ab, die Schrift eher zu publizieren. Über die Entstehung des Moses berichtete er an Arnold Zweig: »Angesichts der neuen Verfolgungen fragt man sich wieder, wie der Jude geworden ist und warum er sich den unsterblichen Hass zugezogen hat. Ich hatte bald die Formel heraus. Moses hat den Juden geschaffen, und meine Arbeit bekam den Titel: Der Mann Moses, ein historischer Roman. […] Das Zeug gliederte sich in drei Abschnitte, der erste romanhaft interessant, der zweite mühselig und langwierig, der dritte gehalt- und anspruchsvoll. An dem dritten scheiterte das Unternehmen, denn er brachte eine Theorie der Religion, nichts Neues zwar für mich nach *Totem und Tabu*, aber doch eher etwas Neues und Fundamentales für Fremde.«[54]

Zentrale These ist die Behauptung, Moses sei kein Jude, sondern ursprünglich ein Ägypter gewesen, der das jüdische Volk aus seiner ägyptischen Gefangenschaft geführt und dieses zum Erben der in Ägypten kurz vorher ausgerotteten monotheistischen Aton-Religion gemacht habe. Moses sei jedoch vom Volk ermordet worden, das sich seiner strengen Religion nicht unterwerfen wollte. Erst die Schuldgefühle lange nach der Tat hätten eine kollektive Reaktion erzeugt, die zum Ursprung einer neuen sozialen Ordnung wurde: der Ordnung des »auserwählten Volkes« der Juden, das den monotheistischen Glauben des ägyptischen Priesters Moses zu dem eigenen gemacht hatte.

Aber sein historischer Roman konnte vor seiner eigenen Kritik noch nicht bestehen und leicht verärgert schrieb er an Zweig, »mit dem Moses lassen sie mich in Ruhe. Dass dieser wahrscheinlich letzte Versuch, etwas zu schaffen, gescheitert ist, deprimiert mich genug. Nicht dass ich davon losgekommen wäre. Der Mann und was ich aus ihm machen wollte, verfolgt mich unablässig.«[55] Von den drei Aufsätzen des *Mann Moses* wurden die beiden ersten 1937 in »Imago« abgedruckt, alle drei gemeinsam erschienen zuerst Anfang 1939, als Freud sich bereits im englischen Exil befand, in einem niederländischen Exilverlag, eine englische Ausgabe, um die sich Ernest Jones gekümmert hatte, kam wenige Monate nach der deutschen heraus. Wie in keiner anderen Schrift zuvor, hat sich Freud im *Mann Moses* zu seiner jüdischen Identität bekannt, nirgendwo sonst hat er dem Judentum eine nicht nur positive, sondern auch weltanschaulich bestimmende Funktion zugewiesen, als Inbegriff dessen, was er einmal als »Fortschritt in der Geistigkeit« bezeichnete. Die zeitgenössischen Rezensenten, Juden wie Christen, fanden wenig schmeichelhaftes an dem Werk.

Am 1. August 1939 schloss Freud, der trotz seiner Schmerzen weiterhin noch Patienten analysierte, seine ärztliche Praxis. Im September verschlechterte sich sein Zustand rapide. Das letzte Buch, das er las, war Balzacs *Chagrinleder*. Gegenüber seinem Arzt Max Schur bemerkte er, dies sei das richtige Buch für ihn, es handle vom Einschrumpfen und Verhungern. Freud starb am 23. September 1939. Seine Asche wurde auf dem Londoner Friedhof Golders Green beigesetzt.

.

Anmerkungen

1 zitiert nach Peter Gay, *Freud, Eine Biographie*, S. 504
2 Freud an Pfister, 9. Oktober 1918
3 zitiert nach Bernd Nitschke, *Wir und der Tod, Essays über Sigmund Freuds Leben und Werk*. Göttingen 1996, S. 124
4 Freud an Schwadron, 12. Juli 1936, zitiert nach Peter Gay, *Freud, Eine Biographie*, S. 688
5 Freud an Martha Bernays, 28. April 1885
6 Freud an Wittels, 18. Dezember 1923
7 zitiert nach Peter Gay, *Freud, Eine Biographie*, S. 689
8 Freud, *Selbstdarstellung*, 1925, GW XIV, S. 34
9 Freud an J. Dwossis, 15. Dezember 1930
10 Freud an Emil Fluss, 16. Juni 1873
11 Freud, *Selbstdarstellung*, 1925, GW XIV, S. 34
12 Freud, *Selbstdarstellung*, 1925, GW XIV, S. 35
13 Freud, *Selbstdarstellung*, 1925, GW XIV, S. 35
14 Freud, *Die Traumdeutung*, GW II/III, S. 201
15 Freud an Martha Bernays, 24. November 1885; zitiert nach Peter Gay, *Freud, Eine Biographie*, S. 61 f.
16 zitiert nach Peter Gay, *Freud. Eine Biografie*, S. 68
17 zitiert nach Peter Gay, *Freud. Eine Biografie*, S. 674 f.
18 Peter Gay, *Sechs Namen auf der Suche nach einer Deutung*, In: Peter Gay, *Freud entziffern*, Essays, Frankfurt 1992, S. 65–85
19 Freud, *Selbstdarstellung*, 1925, GW XIV, S. 39
20 Yosef Hayim Yerushalmi: *Freuds Moses. Endliches und unendliches Judentum*, Berlin 1992, S.107f., darin ist auch eine Übersetzung der Widmung abgedruckt
21 Es sind nur die Briefe an Fließ erhalten, sie wurden nach dessen Tod verkauft und von Freuds Gönnerin Prinzessin Marie Bonaparte erworben. Freud hat die Briefe von Fließ an ihn vernichtet.
22 Freud, *Kurzer Abriss der Psychoanalyse*, GW XIII, S. 405
23 Freud, *Aus den Anfängen der Psychoanalyse 1887–1902, Briefe an Wilhelm Fließ*, Frankfurt 1975, Brief vom 8. Januar 1900. S. 264
24 Freud, *Die Traumdeutung*, GW II/III, S. 10; Freuds Vater war am 23. Oktober 1896 verstorben.
25 Freuds Wunsch ging im März 1977 in Erfüllung, als dort eine Tafel angebracht wurde.

26 Freud an Fließ, 7. Mai 1900

27 Freud, *Die Traumdeutung*, GW II/III, S. 202

28 Freud, *Die Traumdeutung*, GW II/III, S. 203

29 zitiert nach Peter Gay, *Freud, Eine Biographie*, S.160

30 zitiert nach Peter Gay, *Freud, Eine Biographie*, S. 200

31 Freud an Fließ: Brief vom 11. Oktober 1899

32 Freud, *Selbstdarstellung*, 1925, GW XIV; S. 78

33 Freud an Lou Andreas-Salomé, 7. Juli 1914

34 Freud an Karl Abraham, 3. November 1912

35 Ernest Jones, *Das Leben und Werk von Sigmund Freud*, Bd.II, S.50

36 Freud an Binswanger, 14. März 1911

37 Fritz Wittels, *Sigmund Freud, Der Mann, die Lehre, die Schule*, Leipzig 1924, S.140

38 Freud an Ernest Jones, 1. August 1912

39 Peter Gay, *Freud, Eine Biographie*, S. 397

40 Freud an Ernest Jones, 18. April 1919, zitiert nach Peter Gay, *Freud, Eine Biographie*, S. 429f.

41 Freud, *Jenseits des Lustprinzips*, GW XIII, S. 22

42 Freud an Pfister, 27. Januar 1920

43 Freud an Katá und Lajos Lévy, 11.Juni 1923

44 Freud, *Briefe 1873–1939*, hg. v. E. und L. Freud, Frankfurt 1968, S. 381

45 Brief an Samuel Freud, Mai 1926, zitiert nach Ronald W. Clark, *Sigmund Freud*, Frankfurt 1981, S. 540

46 Freud, *Die Zukunft einer Illusion*, GW XIV, S.377

47 Freud an Jones, 22. Juli 1914, zitiert nach Peter Gay, *Freud, Eine Biographie*, S. 487.

48 Freud, *Selbstdarstellung*, Nachschrift 1935, GW XVI, S. 32

49 Freud, *Das Unbehagen in der Kultur*, GW XIV S. 506

50 zitiert nach Peter Gay, *Freud, Eine Biographie*, S. 666

51 Freud an Samuel Freud, 31. Juli 1933

52 Sigmund Freud, *Tagebuch 1929–1939, Kürzeste Chronik*, hg.v. Michael Molnar, Frankfurt 1996, S. 25

53 Martin Freud, *Mein Vater Sigmund Freud*, Heidelberg 2000, S. 207

54 Freud an Arnold Zweig, 30. September 1934

55 Freud an Arnold Zweig, 16. Dezember 1934

Chronik

1856	Sigismund Schlomo Freud wird am 6. Mai im mährischen Städtchen Freiberg (Příbor) als erster Sohn von Jakob und Amalie Freud geboren, ihm folgen noch sechs weitere Geschwister.
1859/1860	Die Freuds verlassen aus wirtschaftlichen Gründen Freiberg und lassen sich nach einem kurzen Aufenthalt in Leipzig in Wien nieder.
1865	Eintritt Freuds ins Leopoldstädtische Real-Gymnasium.
1873	Matura (Abitur). Freud beschließt »Naturforscher« und nicht Jurist zu werden, er immatrikuliert sich an der Medizinischen Fakultät der Universität Wien.
1874	Besuch philosophischer Vorlesungen bei Franz Brentano.
1875	Besuch bei den Halbbrüdern Philipp und Emanuel in Manchester.
1876/77	Aufenthalt an der Zoologischen Meeresstation in Triest, wo er über die Geschlechtsorgane der Aale forscht, daraus

resultiert Freuds erste wissenschaftliche Publikation. Im Spätherbst arbeitet er als Famulus am Physiologischen Institut bei Ernst von Brücke, der sein väterlicher Freund und Mentor wurde.

1878/80   Beginn der Freundschaft mit dem Wiener Arzt und Physiologen Josef Breuer, dessen historische Begegnung mit »Anna O.« zu der Fallgeschichte wurde, die die Psychoanalyse begründete; einjähriger Militärdienst.

1881   Promotion zum Doktor der Medizin mit *Beobachtungen über den Bau der Nervenfasern und Nervenzellen von Flusskrebsen.*

1882   Verlobung mit Martha Bernays, die aus einer streng orthodoxen jüdischen Hamburger Familie stammte.

1883   Beginn der ärztlichen Tätigkeit am Wiener Allgemeinen Krankenhaus, um finanziell unabhängig zu sein.

1884   Selbstversuche mit Kokain.

1885   Habilitation und Ernennung zum Privatdozenten. Studienaufenthalt beim berühmten Arzt Jean Martin Charcot an der Pariser Salpêtrière.

1886	Aufenthalt in Berlin. Übersetzung der Vorlesungen Charcots. Eröffnung der Privatpraxis. Freud heiratet am 13. September Martha Bernays in Hamburg.
1887	Geburt der Tochter Mathilde. Beginn der Freundschaft mit dem Berliner Hals-Nasen-Ohren Arzt Wilhelm Fließ.
1888	Erstmalige Anwendung der Hypnose im therapeutischen Verfahren.
1889–1895	Geburt von fünf weiteren Kindern: Jean-Martin, Oliver, Ernst, Sophie und Anna.
1891	Umzug in die Berggasse 19, wo die Familie Freud bis zur Emigration im Juni 1938 lebte und Freud seine Praxis unterhielt.
1892	Entdeckung der Methode der freien Assoziation.
1895	Zusammen mit Josef Breuer Veröffentlichung der *Studien über Hysterie.*
1897	Reise nach Italien. Entdeckung des Ödipuskomplexes.
1896	Freuds Vater Jakob stirbt 81-jährig am 23. Okt. in Wien.
1899	Im November erscheint Freuds wichtigstes Werk, *Die Traumdeutung,* die die Jahreszahl 1900 trägt, Auflage 600 Exemplaren.

1900	Beginn der Analyse von »Dora«.
1901	Veröffentlichung der *Psychopathologie des Alltagslebens*.
1902	Im März wird Freud zum außerordentlichen Professor ernannt, nachdem er bereits mehrfach übergangen worden war. Gründung der »Psychologischen Mittwoch-Gesellschaft«, die sich ab 1906 »Wiener Psychoanalytische Vereinigung« nennt.
1905	Veröffentlichung der *Drei Abhandlungen zur Sexualtheorie* sowie *Der Witz und seine Beziehung zum Unbewussten*.
1907	Beginn einer engen Beziehung zu Carl Gustav Jung und Karl Abraham. Beginn der Behandlung des »Rattenmannes«.
1908	Beginn der Freundschaft zu Sandor Ferenczi, erster Besuch von Ernest Jones, Freuds offiziellem Biographen.
1909	Amerikareise auf Einladung der Clark University in Worcester, Massachusetts, Freud hält fünf Vorträge zur Psychoanalyse.
1910	Auf dem Psychoanalytischen Kongress in Nürnberg wird die Internationale Psychoanalytische Vereinigung (IPV) gegründet.

1911	Beim Psychoanalytischen Kongress in Weimar hält Freud einen Vortrag über die »Analyse Schrebers«. Adler verlässt den Kreis und gründet eine »Gesellschaft für freie Psychoanalyse«. Beginn der Freundschaft mit Lou Andreas-Salomé.
1912	Auf Anregung Ernest Jones Gründung des Geheimen Komitees, das inoffizielle Führungsgremium der IPV.
1913	Veröffentlichung von *Totem und Tabu*, Bruch mit C. G. Jung auf dem Internationalen Psychoanalytischen Kongress in München.
1914	*Zur Geschichte der psychoanalytischen Bewegung.* Die Ermordung des österreichischen Thronfolgers am 28. Juni in Sarajewo führt zum Ausbruch des 1. Weltkrieges.
1915	*Zeitgemäßes über Krieg und Tod.*
1916–1917	Veröffentlichung der *Vorlesungen zur Einführung in die Psychoanalyse.*
1918	Anna Freud beginnt ihre – sechs Jahre dauernde – Analyse bei Ihrem Vater.

1919	Gründung des Internationalen Psychoanalytischen Verlages.
1920	Tod von Freuds Tochter Sophie, Veröffentlichung von *Jenseits des Lustprinzips*.
1921	*Massenpsychologie und Ich-Analyse*.
1923	*Das Ich und das Es*. Freud erkrankt an Gaumenkrebs und ist seitdem gezwungen eine Prothese zu tragen, die er sein »Ungeheuer« nennt und die ihn beim Sprechen und Essen hindert.
1924	Es erscheinen *Kurzer Abriss der Psychoanalyse* und *Der Untergang des Ödipus-Komplexes*.
1925	Publikation der *Selbstdarstellung*, Bruch mit Otto Rank, Tod von Josef Breuer und Karl Abraham, Beginn der Freundschaft mit Marie Bonaparte, der Urgroßnichte Napoleons I.
1926	Der österreichische Rundfunk strahlt zum 70. Geburtstag Freuds eine Würdigung von dessen Leben und Werk aus. *Die Frage der Laienanalyse*.
1927	Veröffentlichung der gesellschafts- und religionskritischen Schrift *Die Zukunft einer Illusion*.

1929	Freud hält sich mehrfach zur kieferchirurgischen Behandlung in Berlin auf, erste Begegnung mit Albert Einstein, auf Empfehlung von Marie Bonaparte wird der 32-jährige Max Schur sein Leibarzt.
1930	Freud erhält den Goethepreis der Stadt Frankfurt, Freuds Mutter Amalie stirbt 95jährig in Wien. *Das Unbehagen in der Kultur.*
1932	Briefwechsel mit Albert Einstein zur Frage *Warum Krieg?*
1933	Im Januar kommt Adolf Hitler an die Macht, Massenemigration von Psychoanalytikern aus dem nationalsozialistischen Deutschland, am 10. Mai Bücherverbrennung, bei der auch Freuds Bücher ins Feuer geworfen werden.
1935	Freud wird Ehrenmitglied der »Royal Society of Medicine«. Die »Deutsche Psychoanalytische Gesellschaft« wird arisiert und die jüdischen Mitglieder ausgeschlossen.
1936	Anlässlich von Freuds 80. Geburtstag ehrt ihn Thomas Mann mit dem Vortrag »Freud und die Zukunft«, den er ihm in der Bergasse 19 persönlich vorlas.

1938	Anschluß Österreichs an das Deutsche Reich, Freud verlässt am 4. Juni mit Frau Martha, Tochter Anna und Personal Wien und reist mit dem Zug über Paris nach London in die Emigration.
1939	Veröffentlichung von Freuds letztem Buch *Der Mann Moses und die monotheistische Religion*. Am 23. September 1939 stirbt Sigmund Freud infolge seiner langwierigen Krebserkrankung in seinem Haus in 20, Maresfield Gardens in London.

Freud und seine Chow-Chows (1930)

Weiterführende Literatur

Bernstein, Richard: *Freud und das Vermächtnis des Moses*, Berlin 2003

Clark, Ronald W.: *Sigmund Freud. Leben und Werk*, Frankfurt am Main 1981

Forrester, John: *Die Geschichte zweier Ikonen*, In: *Einstein on the Beach. Der Physiker als Phänomen*, Hg.v. Michael Hagner, Frankfurt am Main 2005, S. 96–123

Freud, Martin: *Mein Vater Sigmund Freud*, Heidelberg 2000

Freud, Sigmund: *Gesammelte Werke*, Bd. I–XVIII, Frankfurt am Main 1966ff.

Freud, Sigmund: *Studienausgabe*, zehn Bände und Ergänzungsband, Frankfurt am Main 1969–1975

Freud, Sigmund: *Briefe 1873–1939*, Frankfurt am Main 1968

Freud, Sigmund: *»Selbstdarstellung«. Schriften zur Geschichte der Psychoanalyse*. Herausgegeben und eingeleitet von Ilse Gubrich-Simitis, korr. Auflage, Frankfurt am Main 1981 (Taschenbuch-Ausgabe)

Freud, Sigmund: *Aus den Anfängen der Psychoanalyse. Briefe an Wilhelm Fließ*, Frankfurt am Main 1975

Freud, Sigmund/Abraham, Karl: *Briefe 1907–1926*. Frankfurt am Main 1965

Freud, Sigmund/ Binswanger, Ludwig: *Briefwechsel 1908–1938*, Hg.v. G. Fichtner, Frankfurt am Main 1992

Freud, Sigmund/ Jones, Ernest: *Briefwechsel 1908–1939*, Frankfurt am Main 1993

Freud, Sigmund/Zweig, Arnold: *Briefwechsel*, Hg.v. Ernst L. Freud, Frankfurt am Main 1968

Fromm, Erich: *Sigmund Freud. Seine Persönlichkeit und seine Wirkung*, Berlin 1981

Gay, Peter: *Freud. Eine Biographie für unsere Zeit*, Frankfurt am Main 2000

Gay, Peter: »*Ein gottloser Jude*«. *Sigmund Freuds Atheismus und die Entwicklung der Psychoanalyse*, Frankfurt am Main 1988

Gay, Peter: *Freud entziffern*, Essays, Frankfurt am Main 1992

Gilman, Sander: *Jüdischer Selbsthass. Antisemitismus und die verborgene Sprache der Juden*, Frankfurt am Main 1993

Gubrich-Simitis, Ilse: *Zurück zu Freuds Texten. Stumme Dokumente sprechen machen*, Frankfurt am Main 1993

Heise, Jens: *Freud ABC*, Leipzig 2001

Jones, Ernest: *Das Leben und Werk von Sigmund Freud*, 3 Bde., Bern 1960–1962

Laplanche, Jean & Pontalis, J.B.: *Das Vokabular der Psychoanalyse*, Frankfurt am Main 1972

Lohmann, Hans Martin: *Sigmund Freud*, Reinbek 1998

Moser, Christian: *Sigmund Freud, Die ganze Wahrheit, erzählt von seiner Couch*, Comic, Hamburg 2006

Nitzschke, Bernd: *Wir und der Tod. Essays über Sigmund Freuds Leben und Werk*. Göttingen 1996

Robert, Marthe: *Sigmund Freud – zwischen Moses und Ödipus. Die jüdischen Wurzeln der Psychoanalyse*, München 1975

Schäfer, Peter: *Der Triumph der Geistigkeit. Sigmund Freuds »Der Mann Moses und die monotheistische Religion«*, Berlin 2003

Schur, Max: *Sigmund Freud, Leben und Sterben*, Frankfurt am Main 1982

Sulloway, Frank J.: *Freud: Biologie der Seele, Jenseits der psychoanalytischen Legende*, Köln 1982

Tögel, Christfried: *Freud für Eilige*, Berlin 2005

Tögel, Christfried: *Freud und Berlin*, Berlin 2006

Wittels, Fritz: *Sigmund Freud, Der Mann, die Lehre, die Schule*, Leipzig 1924

Yerushalmi, Yosef Hayim: *Freuds Moses. Endliches und unendliches Judentum*, Berlin 1992

Zweig, Arnold: *Freundschaft mit Freud. Ein Bericht*, Berlin 1996

Danksagung

Mein Dank geht an Hermann Simon, auf dessen Anregung diese »Jüdischen Miniatur« zu Sigmund Freud zustande kam. Dank auch an Hans Reicheneder, der mit dem geschulten Blick des Analytikers den Text kritisch gelesen und hilfreiche Anregungen gegeben hat. Dank an das Jüdische Museum Berlin, das bei der Fotobeschaffung behilflich war, insbesondere an Ulrich Klopsch und Gerhard Stahr. Besonderer Dank geht an Anne S., die mir durch ihre stetige Ermutigung, die Zeit des Schreibens erleichtert hat.

Helmuth F. Braun:
geboren 1949 in Kirchseeon bei München; Studium der Literaturwissenschaft, Sinologie und Philosophie in München und Berlin; Seit 1984 Mitarbeiter an der Jüdischen Abteilung des Berlin Museums, später Stadtmuseum; 1989–1998 Mitarbeit an der Planung und Realisierung des Libeskindbaus; ab 1994 Ausstellungsleiter im Jüdischen Museum Berlin

Reihe jüdische Miniaturen

LEBENSBILDER · KUNST · ARCHITEKTUR
Herausgegeben von Hermann Simon

Hermann Simon **Moses Mendelssohn** — **Band 1**
Gesetzestreuer Jude und deutscher Aufklärer — ISBN 3-933471-45-1

Christian Schölzel **Walther Rathenau** — **Band 2**
Industrieller · Schriftsteller · Politiker — ISBN 3-933471-44-3

Chana Schütz **Max Liebermann** — **Band 3**
Impressionistischer Maler · Gründer der Berl. Secession — ISBN 3-933471-47-8

Elisa Klapheck **Regina Jonas** — **Band 4**
Die weltweit erste Rabbinerin — ISBN 3-933471-48-6

Michael Hanisch **Ernst Lubitsch** — **Band 5**
Von der Berliner Schönhauser Allee nach Hollywood — ISBN 3-933471-54-0

Julius H. Schoeps **Theodor Herzl** — **Band 6**
Die Utopie des Judenstaates — ISBN 3-933471-55-9

Heinrich Simon **Jüdische Feiertage** — **Band 7**
Festtage im jüdischen Kalender — ISBN 3-933471-56-7

Heinrich Simon **Leben im Judentum** — **Band 8**
– Persönliche Feste und denkwürdige Tage – — ISBN 3-933471-66-4

Walter Nowojski **Victor Klemperer** — **Band 9**
Vom Romanisten zum Chronisten der Vorhölle — ISBN 3-933471-59-1

Sösemann / Frölich **Theodor Wolff** — **Band 10**
Journalist · Weltbürger · Demokrat — ISBN 3-933471-62-1

Elvira Groezinger **Glückel von Hameln** — **Band 11**
Kauffrau, Mutter und erste jüdisch-deutsche Autorin — ISBN 3-933471-61-3

Joanna Obruśnik **Jurek Becker** — **Band 12**
Gebor. Jude · Selbsternannter Atheist · Deutscher Schriftsteller — ISBN 3-933471-57-5

Nils Busch-Petersen **Oscar Tietz** — **Band 13**
Von Birnbaum/Provinz Posen z. Warenhauskönig v. Berlin — ISBN 3-933471-67-2

Anita Wünschmann **Anna Seghers** — **Band 14**
Jüdin, Kommunistin, Weltbürgerin — ISBN 3-933471-68-0

Ralf Dose **Magnus Hirschfeld** — **Doppelband 15**
Deutscher – Jude – Weltbürger — ISBN 3-933471-69-9

Klaus Schütz **Heinz Galinski** — **Band 16**
Ein Berliner unter dem Davidsschild — ISBN 3-933471-70-2

Hermann Simon **Die Synagoge Rykestraße** — **Band 17**
1904-2004 — ISBN 3-933471-71-0

Michael Hanisch **Billy Wilder** — **Band 18**
Von Galizien nach Beverly Hills — ISBN 3-933471-72-9

Michael Schäbitz **Hans Rosenthal** — **Band 19**
Deutschl. unvergess. Quizmaster – Bewusster, stolzer Jude — ISBN 3-933471-73-7

Nora Goldenbogen **Die Dresdner Synagoge** **Band 20**
Geschichte und Geschichten ISBN 3-933471-74-5

Christian Schölzel **Albert Ballin** „Ein Schiffsherr ist's... **Band 21**
Ein Kaiser neigt sich vor dem jüdischen Mann..." ISBN 3-933471-75-3

Хайнрих Зимон **Еврейские праздники** **Band 22**
(Russische Ausgabe von Band 7 »Jüdische Feiertage«) ISBN 3-933471-77-X

Marianne Büning **Jenny Hirsch** **Band 23**
Frauenrechtlerin – Redakteurin – Schriftstellerin ISBN 3-933471-81-8

Hedvah Ben Zev **Rahel Hirsch** **Band 24**
Preußens erste Medizinprofessorin ISBN 3-933471-82-6

Hoffmann/Schulmann **Albert Einstein** **Doppelband 25**
1879–1955 ISBN 3-933471-83-4

Norbert Böttcher **Siegfried Marcus** **Band 26**
Bedeutender Ingenieur und vielseitiger Erfinder ISBN 3-933471-84-2

Хайнрих Зимон **Еврейские традиции** **Band 27**
(Russische Ausgabe von Band 8 „Leben im Judentum") ISBN 3-933471-85-0

Yvonne Domhardt **Alfred Dreyfus** **Band 28**
degradiert – deportiert – rehabilitiert ISBN 3-933471-86-9

Regina Scheer **Moses aus Dessau** **Band 29**
Der Weg des Moses Mendelssohn nach Berlin 1743 ISBN 3-933471-87-7

Marina Sassenberg **Selma Stern** **Band 30**
Erste Frau in der Wissenschaft des Judentums ISBN 3-938485-07-8

Norbert Haase **Die Synagoge zu Görlitz** **Band 31**
Ein vergessenes Gedenkzeichen ISBN 3-938485-09-4

Nils Busch-Petersen **Adolf Jandorf** **Band 32**
Vom Volkswarenhaus zum KaDeWe ISBN 3-938485-10-8

Sibylle Quack **C. Berliner · G. Kolmar · H. Arendt** **Band 33**
Straßen am Denkmal ehren ihr Andenken ISBN 3-938485-12-4

Claudia Rappold **Charlotte Wolff** **Band 34**
Ärztin, Psychotherapeutin, Wissenschaftl. u. Schriftstellerin ISBN 3-938485-13-2

Kurt Franke **Moritz Katzenstein** **Band 35**
Berliner Chirurg – Freund von Albert Einstein ISBN 3-938485-14-0

Elvira Grözinger **Heinrich Heine** **Band 36**
Deutscher Dichter, bedeut. Publizist, politischer Emigrant ISBN 3-938485-15-9

Helmuth F. Braun **Sigmund Freud** **Band 37**
»Ein gottloser Jude« ISBN 3-938485-16-7

Alfred Etzold **Ein Berliner Kulturdenkmal** **Band 38**
Der Jüdische Friedhof Weißensee ISBN 3-938485-17-5

Reihe jüdische Miniaturen

LEBENSBILDER · KUNST · ARCHITEKTUR
Herausgegeben von Hermann Simon

Gerhard Schoenberner **Joseph Wulf** Aufklärer über den NS-Staat **Band 39**
Initiator der Gedenkstätte Haus der Wannsee-Konferenz ISBN 3-938485-18-3

Ulrich W. Grimm **Simon Kremser** **Band 40**
Ein Name wird zur fahrenden Legende ISBN 3-938485-28-0

Inge Lammel **Alexander Beer** **Band 41**
Baumeister der Berliner Jüdischen Gemeinde ISBN 3-938485-20-5

Bernd Philipsen **Leo Kufelnizky** **Band 42**
Künstler – Pionier in Erez Israel, Freund der Beduinen ISBN 3-938485-21-3

Daniela Gauding **Siegmund Breitbart** **Band 43**
Eisenkönig – Stärkster Mann der Welt ISBN 3-938485-22-1

Hermann Simon **»...Zum Ruhme Gottes...«** **Band 44**
Die Berliner Neue Synagoge ISBN 3-938485-23-X

Hartmut G. Bomhoff **Abraham Geiger** **Band 45**
Durch Wissen zum Glauben ISBN 3-938485-27-2

Anita Wünschmann **Helene Weigel** **Band 46**
Wiener Jüdin – Große Mimin des epischen Theaters ISBN 3-938485-29-9

Klaus Völker **Fritz Kortner** **Band 47**
»Jude und Rebell gegen das privilegierte Konventionelle« ISBN 3-938485-31-0

Sophie D. Fleisch **Alfred Hahn** **Band 48**
Berliner Bankier integriert – interessiert – deportiert ISBN 3-938485-30-2

Chana Schütz / Hermann Simon **Emil Bernhard Cohn** **Band 49**
Rabbiner und Bühnenautor ISBN 3-938485-32-9

Irene Kaufmann **Die Hochschule für die** **Band 50**
Wissenschaft des Judentums ISBN 3-938485-19-1

Stand Juni 2006
Die Reihe wird fortgesetzt

Reihe jüdische Memoiren

Herausgegeben von Hermann Simon

Meno Burg **Geschichte meines Dienstlebens** Band 1
Erinnerungen eines jüdischen Majors der preußischen Armee ISBN 3-933471-00-1

Jacob Teitel **Aus meiner Lebensarbeit** Band 2
Erinnerungen eines jüdischen Richters im alten Rußland ISBN 3-933471-03-6

Salomo Sachs **Mein fünfzigjähriges Dienstleben** Band 3
»Ich büße für meinen Glauben« ISBN 3-933471-04-4

Karl Schwarz **Jüdische Kunst – Jüdische Künstler** Band 4
Erinnerungen des ersten Direktors des Berliner Jüdischen Museums ISBN 3-933471-05-2

Martin Riesenburger **Das Licht verlöschte nicht** Band 5
Ein Zeugnis a. d. Nacht d. Faschismus – ein Berl. Rabbinerleben ISBN 3-933471-21-4

Elchanan Nathan Adler **Von Ghetto zu Ghetto** Band 6
Berichte eines jüdischen Reisenden ausgangs des 19. Jahrhunderts ISBN 3-933471-18-4

James Israel **Meine Reise zum Sultan** Band 7
Tagebuch-Notizen 1915 ISBN 3-933471-28-1

Wolfgang Pintzka **Von Sibirien in die Synagoge** Band 8
Erinnerungen aus zwei Welten ISBN 3-933471-31-1

Rosemarie Schuder **Deutsches Stiefmutterland** Band 9
Wege zu Berthold Auerbach ISBN 3-933471-40-0

Magrit Delius **Gisela Jacobius – als Jüdin in Berlin** Band 10
„. . . sind wir am 9. Januar 1943 in den Untergrund gegangen" ISBN 3-933471-88-5

Christoph Hamann **Die Mühsams** Band 11
Geschichte einer Familie ISBN 3-938485-00-0

Christiane Hoff **Anna und Leon** Band 12
Ihre Lebenswege nachgezeichnet ISBN 3-938485-01-9

Lorenz Peter Johannsen **Kinderarzt Karl Leven** Band 13
Lebensspuren – Todesspur ISBN 3-938485-05-1

Hans Brodnitz **Kino intim** Band 14
Eine vergessene Biographie ISBN 3-938485-06-X

Sabine Hank und Hermann Simon (Bearbeiter) **2 Bände**
Feldpostbriefe jüdischer Soldaten 1914–1918 Sonderausgabe
Briefe ehemaliger Zöglinge an Sigmund Feist ISBN 3-933471-25-7 u. 33-8

Fräulein Rabbiner Jonas Sonderband Zweite Auflage
„Kann die Frau das rabbinische Amt bekleiden?" ISBN 3-933471-17-6